Career Planning for Living in a Diverse Society

共に生きるための
キャリアプランニング

ダイバーシティ時代をどう生きるか

平岩久里子 HIRAIWA Kuriko

ナカニシヤ出版

はじめに

　大学や短期大学では，キャリア教育の履修が義務づけられています。キャリア教育の内容はさまざまですが，自己分析に基づき，各自に適した仕事や職業を見つけ，就職活動につなげていくことを目的にしていることが多いようです。学生の皆さんにとって，在学中の最大のゴールの一つが就職である以上，キャリア教育が就職活動につながることは，当然といえます。しかし，ここで二つの大きなことが忘れられているような気がします。

　一つは，キャリアの考え方です。就職はキャリアの一部にすぎません。キャリアとは，人生全体といってもいいでしょう。少なくとも，本書では，そのような立場から，キャリアやキャリアプランニングを考えています。もう一つは，キャリア教育が就職活動に向けたノウハウに偏重しがちで，就職先となる企業や職場以外の人生で関わるであろう，家庭や地域などとの関連で考えられることがほとんどないことです。

　実際，私は，短期大学でキャリアについて教えていますが，授業をはじめた当初の受講生の皆さんの反応を見ると，キャリアプランニング＝就職活動のノウハウと考えているように思えます。しかし，授業を進めていくなかで，キャリアが自らの人生全般にわたることが理解されていくと，自分がやりたいこと，どう生きていくかといったことを考えるようになり，またそのために何をすべきか，自問自答するようになっていくように感じています。また，キャリアを職場と自分だけのことではなく，現在そして将来の家族や地域のことにも関連させながら，思い描いていくようになっていきます。

　本書は，以上のような問題意識やキャリアを教える教員の一人としての経験を踏まえ，学生の皆さんの当面の目標である就職というゴールを設定しながらも，そのためのノウハウを示すだけのものではありません。人生を構成する職場に加えて，家庭，地域などの側面にも視点を置くキャリアプランニングの必要性を提唱するものです。その際，キーワードになるのは，「共に生きる」です。

　「共に生きる」キャリアプランニングとは，現代という時代を反映させたものです。職場では男女共同参画だけでなく，グローバル化に対応して，人種や民族，文化の違いなどを踏まえたうえでの経営のあり方，ダイバーシティが重視されて

います．家庭においては，夫婦が共に働き，財政面や家事，育児，さらには介護などを分担していくことが必要です．地域とは，職場や家庭の周辺のことを意味し，職場においては企業の社会的責任（CSR），家庭においては近所付き合いなどのことばとともに，企業と一定距離をもった一人の人間として，ボランティア活動などの形で地域の課題に向き合うことが求められているといえます．

とはいえ，大半の学生の皆さんにとって，就職先の職場が未知数というだけでなく，結婚して家庭を築き，家事や育児，介護などを分担することや，地域での活動に関わることを具体的にイメージすることは困難だと思われます．このため，本書は，以下のように構成してみました．

第1章では，「共に生きる」時代に，職場や家庭，地域において，人びとがどのように生き，取り組みを進めているのかを「生の声」を通じて知っていただくために，インタビューをまとめました．企業や行政，NPOなどの職場や，家事や育児の分担などの家庭における「共に生きる」ために，どのような考えで，どのようなことが行なわれているのか，知っていただき，「共に生きる」社会のイメージづくりに活用していただければ幸いです．

次の第2章は，「共に生きる」社会の現状について，近年の企業社会のダイバーシティ状況なども踏まえ，海外事例なども含め，豊富なデータや政策も盛り込みながら示しています．これらを通じて，就職活動，就職，企業の中での対人関係，そして結婚，地域での活動など，皆さんが社会に出たときに，直面する「共に生きる」現実を知っていただくための章です．

第3章から第5章までは，既存のキャリアプランニングに関する調査や研究，実践的なノウハウなどを最大公約数的にまとめた部分です．これらの章では，人生設計におけるキャリアの位置づけと就職へのロードマップとして，キャリアの定義，キャリア選択に必要な自己分析などを踏まえ，キャリアプランの作成に向けたワークシートなどを用いて，キャリアプランニングを実際に進めることができるように配慮しています．

最後の第6章は，これまでの章のまとめの意味合いをもっています．その際，学生の皆さんの多くは，キャリアプランニングや「共に生きる」を具体的にイメージしにくいのではないかという考えから，大学生と社会人になって間もない女性の対話という設定で，「共に生きる」社会において，職場のあり方や人生設計について検討していきます．「共に生きる」が求められる現代社会について，「共に生きる」キャリア形成に向けて考えていく内容となっています．そのうえで，登場人物をモデルにして，皆さんが自らキャリアプランを作成してみるよう

に設計しています。

　以上の内容で構成される本書を通じて，学生の皆さんが「共に生きる」時代における，皆さんのキャリアプランニングを進めていくうえで，一助を提供できたらと願っています。

　本書の作成に当たり，多くの方々にお世話になりました。特に，ご多忙の中，快くインタビューに応じてくださった方々には，心よりお礼を申し上げます。また，ナカニシヤ出版第二編集部の石崎雄高さんには，出版まで短かい期間だったにもかかわらず，細かい点までご指摘いただきました。ありがとうございました。

平岩久里子

目　次

はじめに　*i*

第1章　ダイバーシティ推進へ……………………………………3
　　　　――現場からのインタビュー――
　インタビュー①　門川大作さん（京都市長）　4
　インタビュー②　鈴木ゆかりさん（株式会社資生堂執行役員）　9
　インタビュー③　青山恵則さん（株式会社島津製作所人事部長）／
　　　　　　　　　境浩史さん（同人事部マネージャー）　13
　インタビュー④　伊藤みどりさん（積水ハウス株式会社執行役員）　17
　インタビュー⑤　平井誠さん（大阪外国人雇用サービスセンター室長）　21
　インタビュー⑥　寿マリコさん（池坊短期大学教授）　25
　インタビュー⑦　菊池信孝さん（株式会社フードピクト代表取締役）　29
　インタビュー⑧　篠田厚志さん（NPO法人ファザーリング・ジャパン関西理事長）　33
　インタビュー⑨　濱田祐太郎さん（よしもとクリエイティブ・エージェンシー所属）　37

第2章　「共に生きる」が求められる現代社会………………41
　1　差別禁止から多様性の尊重へ　42
　2　外国人からLGBTまで：日本社会のダイバーシティ化　47
　3　排除から包摂へ：政府・企業の変化　56
　4　ダイバーシティ社会への対応能力アップに向けて　66

第3章　人生設計におけるキャリア……………………………78
　1　キャリアに関する考え方　79
　2　キャリアに関する二つの基準　82

第4章　就職活動とキャリアプランニング……………………91

1　「就活」で陥りやすい問題　91
2　キャリア全体における就職活動　96
3　就職活動の全体像と業種の決定方法　98
4　職種の分類と選択の方法　104
5　就職活動の対象とする企業のリサーチ　107
6　企業以外での仕事や働き方　115

第5章　将来に向けた自己分析・自己理解……………………120

1　過去の自分を振り返る　121
2　現在の自分と向き合う　129
3　将来の自分のイメージづくり　137
4　自分をより良く知るためのグループディスカッション　140
5　大谷翔平選手が用いた目標達成法　146

第6章　社会人に求められる力と知識……………………151

1　社会人基礎力とは　152
2　社会人に必要な知識　158
3　多様な人びととのチームワークづくり　163
4　職場以外で求められる社会人としての知識　166
5　理奈さんの将来から考えるキャリアプランニング　170

*

参考文献　177

共に生きるためのキャリアプランニング
───ダイバーシティ時代をどう生きるか───

第1章

ダイバーシティ推進へ
——現場からのインタビュー——

　大学生なら折り返しを過ぎて少し経った3年生の後半，短期大学生ならまだ「フレッシュマン」の雰囲気が残る1年生の終わり頃になると，リクルートスーツを手にする人も多いと思います。リクルートスーツに身を包み，目をまっすぐ前に向けると，もう一人前の社会人が，そこにいます。
　この姿に，「ここから私のキャリアがはじまる！」という思いで，胸が高鳴るのではないでしょうか。
　リクルートスーツを身につける前に，皆さんは，キャリア教育を履修していますね。キャリア教育の現場やそこで用いられる教材の多くは，リクルートスーツのように，就職活動をターゲットにしています。本書は，キャリアやキャリアプランニングを扱いますが，二つの大きな特徴があります。一つは，キャリアを人生全体としてとらえていることです。もう一つは，学生生活や就職活動を含め，人生全体において，「共に生きる」という価値観をベースに考えていこうとしていることです。
　しかし，キャリアを人生全体にわたるものととらえたとしても，学生の皆さんにとって，はじめてキャリアを意識する機会は，就職活動を通してだと思います。就職の先には，結婚や子育てなども含めた人生設計がある程度イメージされている人もいるでしょうが，アルバイトなどを除けば，企業などで働いた経験がない皆さんに対して，就職活動，就職，企業の中での対人関係，そして結婚，地域での活動などをいわれても，「ピンと来ない」というのが実感ではないでしょうか。
　このため，皆さんが社会に出た場合，「共に生きる」という視点から見て，職場がどのような状態なのか，また結婚して，家庭や地域での生活がどのようになっているのか，といったことを具体的に知っていただくことからはじめる必要があると思いました。そのために，「共に生きる」職場や家庭，地域の状態をご報告させていただくことにしました。

このような考えから，10人の方々にインタビューを行ないました。10人のうち5人が企業の関係者，行政が2人，NPOの方が1人，教育が1人，芸能関係者が1人です。そして，それぞれの視点から「共に生きる」をどのように考え，仕事や家庭，地域での生活に活かしているのかといったことを，お話ししていただきました。

　皆さんは，企業は生産性や営業成績の向上，行政は住民への公正なサービスの提供，NPOは社会的弱者への支援を行なう組織のようなイメージをおもちでしょう。これらのインタビューを通じて，そうした一面も含めつつ，「共に生きる」という視点からのインタビューにより，皆さんが知らなかったであろう，もう一つの企業や行政，NPOの姿をお伝えしたいと考えました。それぞれの方の語りのなかに，皆さんがキャリアを考えるにあたり，きっと参考になる点が「宝の山」のようにあると思います。そこから，皆さん一人ひとりが宝さがしをしていただければ幸いです。

　なお，インタビュー記事ですので，それぞれの方の語ることばを尊重しながら作成しました。このため，年号や，同じ意味合いのことばであっても，異なる表現が用いられている場合があります。そうしたことばも含めて，「共に生きる」の多様性も考えながら，お読みいただければと思います。

■インタビュー①
職場のダイバーシティ化とユニバーサル観光を進める

門川大作さん

京都市長

> ▶門川大作京都市長
> 2008年2月より第26代京都市長に就任。2016年2月，3選をはたす。
> 市民と共に汗する「共汗」と市民の視点に立った政策の「融合」をキーワードに，全国のモデルとなる市政改革を進める。

平岩　今日は，お忙しいなか，ありがとうございます。若者向けの「キャリア」

について執筆するなかでインタビューをお願いしたのですが，市長というお立場ですので，二つの側面からお聞きしたいと思います。一つは，京都市という行政のトップとしてのお立場から職員の雇用について，もう一つは，京都市という自治体の業務といいますか，市民や観光客を含めた市役所以外の方々との関係においてです。まず，最初の雇用についてですが，申し上げるまでもなく，国をはじめ，女性の活躍推進ならびに，職場のダイバーシティ化が求められてきています。その中で，京都市はどのように取り組んでいるのでしょうか。

門川　女性の活躍というと，メダルラッシュとなった平昌(ピョンチャン)オリンピック・パラリンピックでは，世界の強豪たちに真っ向勝負を挑み，最後の一瞬まで勝利を諦めない女性選手の姿に，日本中が感動し，そして活力を与えてもらったことを思い出します。私は，スポーツの舞台だけではなく，あらゆる場面で女性の力を強く信じています。女性が活躍すれば，社会全体が輝いていく。そう信じて，意欲，能力の高い女性職員を積極的に登用し，女性の視点を市政の隅々にまで行き渡らせてきました。今後，さらに市政を牽引(けんいん)する職への登用を図ってまいりたいと考えています。

女性の活躍推進に向けた，京都流「働き方改革」

平岩　市長の強い意欲はよく理解できました。では，その意欲を実現するために，どのような措置をとっているのでしょうか。

門川　女性の登用には，職員の育成と共に，その能力を十分に発揮できる職場環境の整備が不可欠です。時間外勤務の縮減や子育てと仕事の両立支援など真のワーク・ライフ・バランスの推進の取り組みと併せて，研修の充実や先輩職員の経験談の発信など，女性職員のキャリアアップの意欲を喚起する取り組みについても，しっかりと推進してきました。具体的には，平成29年度に，12のモデル職場において専門家のコンサルティングを実施するなど，生産性の高い働き方への転換に向けて取り組んできました。今年度からは，子育てや介護を行なう職員が，個々の状況に応じて柔軟な働き方を選択できるよう，「育児・介護を行う職員の時差勤務」の実施といった制度の整備等もスタートさせました。

平岩　女性のなかでも既婚者の活躍を進めるには，夫の理解が不可欠といわれていますが……。

門川　おっしゃるとおりだと思います。京都市では，イクボス研修，仕事と子育てパートナーシップ研修，仕事と子育て両立支援シート，ランチミーティング，「真のワーク・ライフ・バランス」に資する活動に対する表彰等の取り組みを実

施するなど，職員が子育てをしながらも，充実した仕事ができ，より多くの達成感や充実感を得ることができる環境整備に努めてきました。

平岩 いろいろな取り組みを進められているのですね。京都市は，京都にある企業にとってもモデルになるような存在のように思えました。

門川 1万3000人の市職員が，すべての職場でこうした働き方の改革を主体的に展開し，モデルを示したとき，京都のまちづくりは大きく前進すると私は確信しています。これまでの働き方を変えることは，容易なことではありませんが，全職員が一丸となって，勇気ある提言を相互に行ない，本気で取り組んでいくつもりです。

障害のある職員の能力発揮へ，職場環境を整備

平岩 職場のダイバーシティ化の中心として，人口の半分を占める女性が取り上げられるのは自然ともいえますが，その他の方々については，どうなのでしょうか。例えば，京都市にも多くの障害者が働いていると思いますが，市長は，障害のある職員について，どのように感じられていますか。

門川「一人が変われば職場が変わる」，そして，「職場が変わればもっと京都のまちが良くなる」，「職場全体を良くする，そんな職員になろう」職員研修の講演で，私はよくそんな話をしますが，そのことを，本当によく実践してくれているのが，障害のある職員だと感じています。ご指摘のように，京都市役所では，障害のある方も数多く一緒に仕事をしていますが，その職場で共に働く職員が口をそろえて，こういっています。「笑顔で元気に挨拶をしてくれる，職場が明るくなった」，「障害のある方は，皆さん本当に一生懸命，働いてくれる」と。

平岩 障害のある方は，具体的にどのような業務に携わっているのでしょうか。

門川 例えば，身体に障害のある方は，外勤が困難な場合等を除けば，区役所・本庁問わず，幅広い業務に従事してもらっています。車いすの職員であっても，職場環境を整備することで市民の方に窓口で対応し，視覚障害がある職員であっても大型モニターを配備することで，パソコンを使って資料作成を行なっています。

平岩 障害者への環境整備，いわゆる「合理的配慮」，英語でいえば「リーゾナ

ブル・アコモデーション」ですね。それを整備することで，障害者の力が発揮されるわけですが，まさに実践されているのですね。

門川　そうおっしゃっていただくと嬉しいです。このように，各職場で活き活きと活躍しておられる姿を，私は幾度となく目の当たりにしてきました。その度に，障害のある方が能力を最大限発揮し，適性に応じて働くことができる環境を築いていかなければならないと改めて感じている次第です。

平岩　障害者雇用に関する京都市としての取り組みが，市内の企業や市民全体にも良い影響を与えているとお感じになられることがありますか。

門川　市内の民間企業でも障害者雇用を促進していく環境づくりが進んでいます。それは，数字にも表われています。平成29年度の京都の障害者雇用状況を見ると，雇用率は過去最高の2.07％で，全国平均の1.97％を上回っているのです。こうした数字を見ると，市長として大変心強い気がします。京都市が行なった障害者イベントの参加者が，「ハンディを背負った方々にどれだけの環境をフォローできるか。そこに都市の成熟度があると思う」といっていました。障害のある方もない方もすべての人びとが，いきいきと活動できるまちを目指す，それが京都の都市格を高めていくと確信しています。

外国人から障害者まで――観光都市京都の取り組み

平岩　最初に申し上げたように，自治体である京都市は，市民や観光客を含めた市役所以外の方々との関係においてもさまざまな役割をはたすことが求められています。ここですべてのことをお聞きするわけにはいきませんが，世界有数の観光都市の京都という面から，海外からの観光客の方々にどのように配慮を行なっているのか，文化的な多様性を尊重して受け入れをしていこうとしているのかなどについて，お聞きできればと思います。

門川　京都市の基本的な考えは，「不満を解消し，満足を伸ばす」。毎年実施する大規模なアンケート結果をもとに，海外からの方とは限りませんが，観光客の不満を市民ぐるみで一つずつ丁寧に解消し，また，満足いただいた強みを徹底的に伸ばすというものです。これらの着実な積み重ねがあったからこそ，今の京都があると思います。

平岩　観光客の誘致のための広報などは，どうされていますか。

門川　本市では，パリを含め世界11都市に海外情報拠点を設置し，きめ細かい情報発信と地域事情の収集を的確に行なうとともに，13言語に対応したホームページ等で効果的に情報を発信しています。さらに，約2200か所にも及ぶ

Wi-Fiスポットの整備や，市内事業者の免税店化の支援など受入環境の整備も進めてきました。さらに，「京都の文化や伝統産業に関心が高い外国人観光客」への対応については，京都市認定通訳ガイドによる京焼・清水焼や西陣織など伝統産業の工房をめぐるツアーを実施するなど，京都の魅力をしっかりと伝えられる上質なサービスを提供しています。

平岩 外国人以外に，障害者に対しては，どうでしょうか。最近では，ユニバーサルツーリズムのようなことばも聞かれるようになってきていますが……。

門川 この点でも京都市は，力を入れています。車いす利用者をはじめ，誰もが京都観光を楽しんでいただく「ユニバーサルツーリズム」の促進に向けて，平成20年度にホームページ「京都ユニバーサル観光ナビ」を開設し，車いすモデルコースや施設情報をはじめとしたバリアフリー情報等を発信してきました。現在は，開設当時10か所だったモデルコースを18か所に増やすとともに，トイレ・店舗等の約700か所のバリアフリー情報を紹介しています。

平岩 その動きをさらに広げておられるのですか。

門川 平成24年度には，バリアフリー観光に関するお問い合わせに対し，個々の方の状況に寄り添った御案内をするため，「京都ユニバーサルツーリズム・コンシェルジュ」制度を創設しました。4名の専門家を「京都ユニバーサルツーリズム・コンシェルジュ」に任命し，無償で，個別相談に応じていただいています。平成30年度は，「京都ユニバーサル観光ナビ」をさらに充実するため，新たな観光のテーマやエリアを紹介するモデルコースを開拓するとともに，これまでの車いすモデルコースや施設情報を更新しました。このようにして，より幅広い層に京都の魅力を伝えていきたいと考えています。

平岩 いろいろお聞かせいただき，ありがとうございます。では，最後に，読者であるこれから社会に出ていく学生の皆さんへメッセージをお願いします。

門川 ラグビーの平尾誠二さんのことばに「ワーカーとして働くか，プレイヤーとして働くか」というのがあります。ワーカーとして週末やアフターファイブを楽しむ生き方もあるでしょう。しかし，人生丸ごとプレイヤーとして楽しむという生き方をしてほしいと思います。そのためには，「ディーセント・ワーク」（働きがいのある人間らしい仕事）の考え方が必要だと思います。これからの若い人は100歳まで生きられます。仕事には，さまざまな困難もあれば厳しいこともありますが，明確なビジョンや生きがいをもって，どんな困難ななかでも仕事を楽しみ，プレイヤーとして挑戦してほしいと思います。仕事と家庭と社会的な貢献が

みごとに調和して，100歳のときに「いい人生だったなあ」と思えるように，毎日，毎日がんばってほしいと思います。きっと楽しいことがたくさんあると思います。

■インタビュー②
グローバル化を進める美容業界のリーディングカンパニー

鈴木ゆかりさん

株式会社資生堂執行役員
グローバルプレステージブランド事業本部チーフブランドオフィサー　クレ・ド・ポーボーテブランド

▶株式会社資生堂
1872年東京・銀座に創業。化粧品の製造・販売を主な事業とし，世界の約120か国・地域で事業展開する。2017年，日本企業で初めてUN Women（ジェンダー平等と女性のエンパワーメントのための国連機関）と契約を締結。

平岩　鈴木さんが現在，執行役員でいらっしゃることに象徴されるように，資生堂は，女性が積極的に活躍されている会社という印象を受けますが，入社された頃から見て，どのように変わってきたのでしょうか。
鈴木　私が入社したのは，男女雇用機会均等法の施行（1986年）の前だったのですが，会社はこの法律に対応する準備を進めていました。入社当時は無かった総合職が，その後整備され，女性の活躍を支援する機運が高まっていったそんな時期でした。

顧客も社員も女性が多い美容関係の企業として……

平岩　美容の会社ということも影響したのでしょうか。
鈴木　お客様の多くが女性ですし，社員も女性の数が相当多いということで，会社としても，先頭を切って積極的に推進してきたということだと思います。特に2000年のはじめ頃からは，女性の管理職比率を高めていく行動が加速化していきました。
平岩　実際働いておられて，女性にとって働きやすさとか，実力を認めてくれているなという実感はありますか。

鈴木　そうですね。女性の管理職比率も2017年1月に30％を達成できたということもあり，国の目標（2020年30％）に対して前倒しで達成できていますし，さらに2020年の女性管理職比率40％を現在は目指すなど，先進的な会社だといってよいと思っています。私の担当するマーケティングの分野は，特に女性が多く活躍していますので，女性の実力が活かされていると実感しています。

平岩　女性の活躍を進めるには，ロールモデルが重要といわれています。鈴木さんをはじめとして，現在，役員をされている女性は，部下の女性にとってのロールモデルになるという意識はありますか。

鈴木　「女性の活躍支援」といわれている限り，男女平等ではないと思っているので，まだ道は長いのかもしれません。ただ，将来有望な女性が現在たくさん経験を積んでいますので，指導的な立場の女性が今後増えていくのは自然の流れと思っています。ロールモデルとしてですが，私も自覚をもたなければとは思っているのですが，ほっておいても多くの女性が役員になっていく時代が早く訪れ，特別なことではなくなることを求めたいです。

管理職へのバリアとしての女性の考え方

平岩　女性の側の考え方に変化が必要ということもあるのでしょうか。

鈴木　女性の心のバリアのようなものが外される助けになればいいと思います。というのは，女性のなかでは実力があるのに管理職やリーダーとして先頭に立つことに苦手意識をもち，目指していない人も，まだまだいらっしゃるように感じます。役職の段階をステップアップしていく姿を具体的に描く女性は男性に比べてまだ少ないかもしれません。そういうバリアは外して，実力を高めチャンスを活かして恐れないでステップアップしてもらえるように「自然なことですよ」というメッセージができればいいと思います。

平岩　そうしたバリアは，日本の女性に強く見られるということなのでしょうか。

鈴木　あくまでも個人的な印象ですが，欧米はもちろんアジアの国々の女性も，自然なこととしてステップアップしていく志向をもっていますし，積極的にキャリアを切り拓いて自分をどんどん高めていくという方々もたくさんいます。しかし，日本では，環境が整っていても，先ほどいったように実力があるのに意識の上で消極的な方もなかにはいらっしゃいます。せっかく環境が整いつつあるのに，それを十分に活かせないのは残念ですよね。

平岩　お話をお聞きして，女性の枠を作るのではなく，実力をつけた人たちが管理職なりリーダーなり，自然な形で役職になっていくと感じました。

鈴木　もう,そういう時代になったと思います。過去には,女性を活躍させるための女性だけのプロジェクトなどを,作る時代がありましたが,今はもう次のステージです。実力のある方が子育て時期なども上手に乗り越えて,きちっと成果を出してステップアップしていくという時代になっていると思
いますし,それに対して会社もきちんと支援をしていくという形ができたと思っています。

平岩　「きちんと支援していく」ということですが,具体的にどのようなものでしょうか。

鈴木　例えば,かつてビューティーコンサルタントの方たちの,育児時間は繁忙期でも時短で働くことが固定化していました。しかし,決して本人も周りの人もハッピーじゃないということが顕在化して,それを変更したいきさつがあります。繁忙期の時短が自動的に与えられるのではなくて,ある程度,家族の協力などの自助努力によって,可能な範囲で協力してくださいというやり方への転換です。まわりが過敏になりすぎて,むしろご本人の活躍の場が減ってしまったり,望んでなくても子育て期間はずっと時短で働かなくてはいけないとの誤解があったり,逆にそれに甘んじてしまって既得権として他の人に負担になっていた事例もあったと聞いています。そういったものが一回,揺り戻して今の制度になったというのも,先駆的に取り組んだからこそのラーニングを活かせた事例だといえます。

平岩　一歩も二歩も進んでいるという印象を受けますね。ところで,女性の活躍には,男性側の意識の変化や家事や育児への夫の協力も大事といわれていますが,資生堂で働いている皆さんの間では,どのような印象を受けますか。

鈴木　男性の意識も,すごく変わってきたなと感じています。会社のなかでも御夫婦共に資生堂で働いている方もいますが,女性だけが育児を担当するのではなくて,役割分担をして協力し合っている話が日常的に聞こえてきます。若い世代の男性の意識変化も,女性の活躍に大きく貢献していると思います。

グローバル化で外国籍の従業員の採用増や英語を社内公用語化

平岩　資生堂というと,女性の活躍が取り上げられがちですが,今後ますます社会の多様化,ダイバーシティ化が進み,外国籍やLGBT（性的少数者の総称）の

方々などとも一緒に働いていくことが求められてきたと思います。こうした方々と一緒の職場ということについて，どのように考えていらっしゃいますか。

鈴木　女性については先ほどからお話ししているように，これからますます力をつけていくことは間違いないと思っています。次のダイバーシティというと外国籍やLGBTの方々かなと思います。美容業界はもともとLGBTの方に対して大変寛容で，実力を発揮されている方もたくさんいらっしゃるので，そういった意味での下地はあると思います。日本でも近年，LGBTについての関心が高まってきていますし，意識改革を会社が中心となって推し進めてきたというのもここ数年の流れですね。

平岩　イベントなどでLGBTの方を対象にメイクブースを出展されたり，資生堂はLGBTの活動でよく耳にしますが……。

鈴木　日常的な壁を無くすというのが本当のバリアフリーになることだと考えています。すでに私の会社のなかでは違和感のない人が多数だと思いますが，今後そういうことが他の業界にも広がっていくと思います。今，世の中では，相当，意識の変革といいますか，運動もありますし，人々の意識が変わって自然に共存できる職場が広がるとよいですね。

平岩　外国籍の方々についてはどうでしょうか。

鈴木　会社としても積極的なグローバル化を推進していますので，外国籍の方々を受け入れることが自然な流れであるという認識です。このオフィスのなかでも，近年多くの外国籍の方々が働くようになりました。本社部門では2018年下期から公用語が英語になります。その準備が進められています。会社も本腰を入れて支援をしていて，TOEICを一つの指標にしながら社員の英語の実力を上げていくというのを全社的にやっています。海外の事業所とのコミュニケーションがすでに，日常的に行なわれるようになっていますので，自分のことばでコミュニケーションできることは当然のことながらますます重要になっていきます。採用についても，かつては中途採用に積極的ではない時代もありましたが，今は日常的になっています。会社として必要なスキルを備えるために，国籍にかかわらず採用の対象となっています。

平岩　ありがとうございます。最後に読者である若い方たちに，学生時代にやっておけば良いことなどメッセージをお願いします。

鈴木　世界はものすごいスピードで変化しているので，日本の外にも視野を向けて，その変化に関心をもってほしいです。若いうちは何ごとも制約しないで多く

の情報にふれ,積極的に自分を成長させることを志向してほしいと思います。企業のなかでも制度が進んでいくでしょうし,また,会社に勤めるという選択以外にもチャンスが広がってきています。例えば起業をしたり,専門家としてやっていくなり,働き方も多様化していくだろうといわれています。選択肢が増えているので,世の中の動きを察知しながら,自分の一番ここちよいあり方というのを選んでいってほしいと思います。

■インタビュー③
障害者の受け入れと定着を進めてきた

青山恵則さん(左)
境浩史さん(右)

株式会社島津製作所
人事部長・人事部マネージャー

▶株式会社島津製作所
1875年創業。分析計測機器,医用機器,航空機器,産業機器などの製造・販売を行なう京都市に本社を置く企業。「なでしこ銘柄」や「健康経営優良法人~ホワイト500~」に2年連続で認定される。

平岩 ダイバーシティということばが企業社会のなかにも浸透しつつありますが,ダイバーシティの対象というと,女性や外国人がイメージされがちです。その点,島津製作所は,障害者雇用についても積極的ですね。ダイバーシティの一環としての障害者の受け入れを,どのように進められてきたのかについて,お話しいただけますか。

青山 ご指摘のように,従業員のダイバーシティ化は,障害者,外国人など,さまざまな方が対象になります。当社の場合,いずれの方々も離職率は低いので,そういう意味では定着しているといえるのかもしれません。私が人事部に来て16年ですが,特に障害者雇用から見ますと,面倒見の良い,マネジメントが上手な上司のもとで働く障害者は仕事が上手くできていて,単なる定着だけではなく,きちんとパフォーマンスが出せていると思います。

さまざまな部門での受け入れを推進

平岩 障害者雇用については，2018年4月から法定雇用率が2.0％から2.2％に引き上げられました。島津製作所のWebサイトのデータを拝見すると，以前から積極的に障害者雇用を進められています。そのあたりについてお話しいただけますか。

境 企業としては，法定雇用率以上の雇用率の維持を考えています。障害者雇用について，私は3年半前から専任で担当していますが，その前は青山も含め10年以上前から関わっており，積極的に障害者を採用する時代がありました。

青山 境の「なんとかして障害者の雇用率を上げないと」という思いに触発され，一緒に障害者雇用を推進してきました。さまざまな部署に「障害者雇用に取り組んでいるので受け入れてもらえませんか」とお願いをするなど需要を掘り起こしつつ，ハローワークで求人を行なったり，集団面接会に参加したりするなど，積極的に出向いて雇用率を上げていきました。

境 特徴的なのは，当社には特例子会社を作るという考えはなく，各部門で障害者雇用の需要を開拓して，一部の部門だけではなく，いろいろな部門に戦力として障害者を受け入れているところです。

平岩 それはすごいですね。特例子会社を設立し，親会社の業務の一部を請け負うような形で，障害者だけを雇用するという例はよく聞きますが，いろんな部署で受け入れを増やしていらっしゃるのですね。

境 そうした取り組みで，結果として，全社的に障害者雇用への理解が深まっていると思います。

平岩 そうした取り組みの成果でもあるのだと思いますが，京都障害者ワークフェア（2017年9月開催）で表彰されましたね。これは，どのような賞なのですか。

境 勤続14年の社員が努力賞を受賞しました。今年も別の候補者を応募させていただきました。今年は，ご本人の了解を得てアビリンピック（全国障害者技能大会）京都大会に出場してもらい，優勝しました。過去にも京都大会で2年連続優勝している社員がいます。能力があれば「出てみてはどうか」と腕試しのような感じで声をかけています。結果，出てもらったらいきなり優勝で，私どもも嬉しく思っています。

受け入れ後のフォロー

平岩 2018年4月から法定雇用率が2.0％から2.2％に引き上げられ，発達障害者を含む精神障害者も雇用義務の対象に加わりました。障害者雇用というと，一

般的に，車いすを利用している方のように身体に障害をもつ方々について考えられることが多いようです。一方，精神障害者の雇用は厳しいと聞きますが，島津製作所では，どのような状況でしょうか。

境 人事部がさまざまな部署に雇用をお願いしていくだけではなく，体系的に変えなければならないと考えています。また，2016年11月からSPISを活用[2]しています。精神障害者や発達障害者が入社と同時に産業医と相談しながら日報システムをつけることで，日常の体調を把握することができます。精神障害者や発達障害者を「見守る」形でシステムをトライアルしていて，1年半ほど経った状況です。精神障害者や発達障害者だけではなく，メンタル不調から復職した人にも利用してもらっていますので，離れた場所でも上司や人事部がすぐに情報を得られるメリットもあります。これまでは，復職者が出社しなくなって何日か経ってから人事部に連絡が入ることがありましたが，SPISの利用を通じ，情報をタイムリーに得て対応していこうと考えています。

平岩 2年も前から取り入れていらっしゃるのは，法律が改正されるより先に対応を考えていたということですね。

境 精神障害者だけではなく，うつなどのメンタル不調者向けにも，情報をどのように集中管理できるかが重要です。もともとSPISは精神障害者向けでしたが，メンタル不調者に使ってもらうことで，1次予防・2次予防にもつながるので，最適な情報管理の方法を検討しています。

理解者を増やす重要性，シニアの活躍も促進

平岩 障害者雇用について，これまでのご苦労や難しいと感じたことはありますか。
境 障害者雇用については意見もさまざまだと思うので，理解者を増やすというところですね。ここには理解者（青山氏）がいますが，人事部から出ると，障害者に対して理解のある人がどれほどいるのかというところです。当社は「多品種少量生産」なので，工場のライン作業は少ないです。そういった定型業務があまりないのでかなり苦労しましたが，戦力化できる人を採用できたため定着につながったところがあります。一方で，障害者全体の高齢化が進んでいますので，今後の定年退職によって雇用率が下がってくることも視野に入れながら対応を考

ています。現在，障害をおもちの学生も，障害をオープンにして障害者手帳を取るケースが増えているので，新卒採用も考慮するなど，年齢層の切り替えも進めていかなければと考えています。

青山 やはり，一人ひとり違うところですね。一人の人間として生きてきた中で，過去のさまざまなエピソードからさまざまな想いをもっておられます。そういう意味では障害者に限ったことではないと思いますが，個人としてリスペクトして接することが大切だと思います。

平岩 島津製作所は，シニア（高齢者）の方々にも積極的に活躍してもらっていると聞いています。少子高齢化のなかで重要な取り組みだと思いますが，どのように進められているのでしょうか。

青山 シニアの方々には社内だけでなく社外でも活躍してもらおうと考えています。社外での例を申しますと，例えば公益財団法人京都高度技術研究所（ASTEM）という，次代の京都経済を担う企業の成長・発展を支援する公的な産業支援機関が京都市にあります。当社のOBが何か貢献できないかと窓口の産業観光局にお話ししたところ，快諾いただきました。マッチングが成立したOBから順次送り出しています。

平岩 こういうシステムができると，「やってみたい」と思うシニアの方もいらっしゃいますよね。

境 社外での活躍を希望しているシニアの方は意外に多いです。

平岩 いろいろとお聞かせいただき，ありがとうございました。最後に，障害者や多様な方たちと共に働いていくうえで，学生のうちにやっておくと良いとお考えのことはありますか。

青山 やっておくと良いというものではないですが，心がけとして「相手の立場に立って考える」，「感受性を高める」ということが大事だと思います。

境 パラリンピックなどの障害者スポーツを通じて障害者を目にする機会が今は多くあります。そのような機会を通して，障害者への理解を深めてもらえればと思います。

青山 ボランティアなどに行くことも良いと思います。それから，多くの本を読むこと。小説でもいいです。人の感情の移り変わりがわかる本を読むと良いと思います。

(1) 障害をもつ従業員の雇用率を満たすことが法律で定められている。しかし，特

例として会社の事業主が障害者のための特別な配慮をした子会社を設立し、子会社に雇用されている障害者を親会社や企業グループ全体で雇用されているものとして算定できることになっている。このようにして設立、経営されている子会社を特例子会社という。厚生労働省によると、平成26年5月末現在、391社ある。
(2) 精神障害などメンタルケアが必要な人向けの就労定着支援システムで、個人の特性に合わせて評価項目を設定できる日報システム。企業で働く当事者それぞれの特性に合わせた項目の日報をつけて、毎日の状態を記録する。また、コメント欄を利用して、当事者と職場の支援担当者や社外の支援者とのコミュニケーションを助け、当事者が安心して働く環境作りを助ける（http://vfoster.org/spis.html#a3）。

■インタビュー④
全社体制でダイバーシティを進める

伊藤みどりさん
積水ハウス株式会社執行役員
ダイバーシティ推進部長

▶積水ハウス株式会社
大阪市に本社を置く住宅メーカー。1960年創業。建設工事の請負及び施工、不動産の売買、交換、仲介など、建設、不動産業を主事業とする。2017年度、住宅・建設業界では唯一5度目となる「なでしこ銘柄」に選定される。

平岩 積水ハウスは、経済産業省の平成28年度「新・ダイバーシティ経営企業100選」や経済産業省と東京証券取引所主催の「なでしこ銘柄」に選ばれていらっしゃいますね。女性の活躍を含めたダイバーシティ＆インクルージョンが定着されるようになった、これまでの取り組みについてお話しいただけますか。

伊藤 ダイバーシティ推進の最初は、やはり「女性の活躍」というところからスタートしました。さらにさかのぼると、2005年に目指すべき「持続的な社会」ビジョンとして「サステナブル宣言」を発表し、「環境」、「経済」、「社会」、「住まい手」という「4つの価値」によるバランスの取れた経営を目指すことを世の中に示しました。そのビジョンを実行するための人事の基本方針として、翌年（2006年）に、「人材サステナビリティ」を宣言し、「女性活躍の推進」「多様な人

材の活用」「多様な働き方，ワーク・ライフ・バランス」を三つの柱としました。それと同時に「女性活躍推進グループ」を立ち上げました。そのときから，まず女性にフォーカスして精力的に取り組みはじめたということになります。やり続けた結果，徐々にダイバーシティが定着できたのだと思います。

女性の活躍からダイバーシティ推進へ

平岩 女性活躍からダイバーシティ推進がはじまったとおっしゃられましたが，その他についての取り組みは，どのように進めてこられたのでしょうか。
伊藤 全従業員を対象にした，「ヒューマンリレーション研修（人権研修）」というのがあります。人権侵害を「しない・させない・ゆるさない」を強化しています。セクハラやパワハラ，マタハラ，LGBTの理解など職場環境の整備ということでさまざまな課題をテーマにして，各事業所の責任者が講師となっています。
平岩 まずは教育からというところですね。
伊藤 まずは正しい知識をもつところからです。障がい者については，法定雇用率など，法律も厳格化されてきています。また，住宅のお客様は多様性にあふれています。当グループの住宅は，ユニバーサルデザインのもと，多様な方々にも使いやすく設定しています。今後の商品開発やサービスの多様化という意味でも，ノーマライゼーションの考え方から，各事業所に障がいのある方を積極的に採用していこうと考えています。環境整備の一環で「ダイバーシティ交流会」を全国のエリアごとに開催しています。これは障がいのある従業員と上司が参加し，活躍している障がいのある従業員の好事例の共有や，障がいの特性を知る勉強会を行なっています。
平岩 ダイバーシティが女性活躍だけではなく，広い意味で，社員の方，お一人お一人に身についていらっしゃるのですね。とはいえ，建設業という「男性社会」にあって，定着させるまでにいろいろとご苦労があったのではないかと思いますが……。

「女性には無理」に対して「お客様目線」にて実績作り

伊藤 ダイバーシティのそもそもの目的は，何のためにするのかということです。ご指摘のように，建設業はどうしても男性中心の会社というイメージがありました。営業や現場監督の女性が以前はいなかったため，女性では無理だと思われていました。
平岩 そのとき，どのように対応されたのですか。
伊藤 その事例を一つずつ作っていきました。女性が営業として働ける環境整備

が整ってから採用するのではなく，2005年に女性営業社員を大量に採用して現場が四苦八苦しながらでも，現場の上司と女性の意見を聞きながら，一緒に悩みながら作り上げていくというようなやり方です。上司と女性社員は遠慮しすぎたり厳しくしすぎたり，お互いに思っていることは同じなのに意思疎通が上手くいかなかったりしましたが，それをやり続けるなかからさまざまな成功事例や活躍事例，上司の良いサポート事例や指導方法などが生まれました。単に「女性の営業」ではなく，お客様に本当に喜ばれる「営業」をどう育てるかという観点に立っていました。一番は，仕事をどうやりきるか，そん
な人をどう育てるかでした。そして次に女性特有のことについて，配慮するという順番です。女性だからといって，育成には遠慮はしない，そして求めることはきっちり求めるという，そのあたりが一番大変でした。

平岩　会社として「お客様第一」を考えてこられたのですね。そうして活躍する先輩が出てくると，後輩の女性たちは目指すものがあるので，こうなりたいという目標を具体的にもつことができますね。

伊藤　ロールモデルがあると「女性も営業店長になれるのだ」ということが証明されるわけですね。「ライフイベントがきたら」「店長になったら」という，ロールモデルがあると参考にすることができます。

平岩　伊藤さんが入社した当時は，建設，住宅業界は男性中心のイメージであったとお聞きしましたが，キャリアを順調に積まれてこられたお話をお聞かせいただけますか。

伊藤　入社して初めに配属されたのは住宅展示場で事務をしていました。営業のサポートをしたりお客様が来られると接客をしたり，自分の仕事がお客様に喜んでいただける，ダイレクトに反応がわかるのですごく楽しかったです。第一子を出産後，当時の所長が「営業をしてみないか」と声をかけてくださって，その頃は女性の営業はいなかったのですが，弊社は，現場のやりたいことをやらせてくれる会社なのでチャレンジできました。女性は結婚したら仕事を辞める「寿退社」が当たり前の時代に，結婚しても仕事を続け，出産しても仕事を続け，女性でも営業になって，また子どもも二人目ができて，また復帰してというなかで，「結婚しても仕事を辞めなくてもいいんだ」「子どもができても働けるんだ」と，

まわりの女性にも浸透し，そのような人が増えてきたのが私は嬉しかったです。今はそれが当たり前になりました。当グループの女性社員にはライフイベントがあっても，仕事は続けてほしいと思います。

有給休暇で仕事のパフォーマンスを上げる

平岩　当時，ワーク・ライフ・バランスはどのような感じだったんですか。

伊藤　今のように子どもの預け先がたくさんあるわけでもベビーシッターさんがいるわけでもないので，当時は家族の協力を得るのと保育所しかなかったです。幸い自分の母親と同居だったのと，主人の親も近くにおりましたので，さまざまなサポートをしてくれました。今は，営業も「働き方改革」で，残業も少なくなってきていますが，当時はまだまだIT化もされておらず，慣習としても長時間働いているとがんばっている人みたいな空気がありました。展示場の店長で仕事中心でしたので，ワーク・ライフ・バランスができていたとはいいにくいですが，子どもや家族とはコミュニケーションをしっかりととっていました。休みの日に子どもを連れて現場に行くと，「お母さんが作っているお家，お母さんすごい」と喜んでくれていました。会社の皆さんとも家族ぐるみでコミュニケーションがとれている状況でしたので，働き続けやすい環境だったと思います。

平岩　ワーク・ライフ・バランスの一つに，家庭における役割分担に加え，家庭の延長としての地域活動がありますが，社員の方たちに対し何か推進策をとっていらっしゃいますか。

伊藤　今は年次有給休暇の取得を推進しています。以前は，皆，一所懸命働くなかで「お休みするなんて」という状況でした。今は様変わりし，会社からも，「長時間労働が美徳だとする時代は終わった」と経営トップがはっきり明言して，休みと仕事のメリハリをつけて仕事のパフォーマンスを上げるという方針です。そして，有給休暇を「スマートホリディ」という愛称とし，ボランティアであるとか子ども休暇，孫休暇，アニバーサリー休暇，ヘルスケア休暇など，さまざまな名前をつけてポジティブに休暇を取れるようにしています。有給休暇を利用して，野球のコーチをしたり，地域活動に参加する従業員もいます。

平岩　それまでのやり方を変えていくには，経営トップのリーダーシップが重要といわれますが，積水ハウスでもトップが明言されて，そのような流れにどんどんなっていったのですね。

伊藤　トップは，「女性の活躍なくして積水ハウスの未来はない」，「長時間労働を美徳とする時代は終わった」とも，いろいろな場面で発信をしています。

平岩　トップの発信力も皆に浸透される大きな要因の一つですね。

伊藤　女性の活躍と一緒で，継続してやりきることが大切だと思っています。女性活躍推進も，2006年にスタートして12年になります。

平岩　積水ハウスの「やりきる」というのが一つのキーワードになるかなと思います。企業文化みたいなところでいうと，誰でもはじめは張り切ったりするのですが，それを続けていくというのが実は大変です。そういうものの積み重ねをきちんとされていることがよくわかりました。最後に，これから社会に出て行く方たちにメッセージをお願いします。

伊藤　学生時代にできること，勉強や部活動，アルバイト，ボランティアなどがあると思いますが，そこでもやりきっていただきたいと思います。社会に出たときにそれが糧となって，たとえ大変なことがあっても，どう自分が向き合えるかというのは学生時代の経験が勇気につながるのだと思います。それから，社会に出たら，あまり完璧を求めずに，失敗や不足は若い人の特権ですので，失敗を恐れずどんどんチャレンジしてもらいたいと思います。目の前のことに誠実に素直に向き合い，信頼される人になってほしいと思います。

■インタビュー⑤
留学生や外国人と企業を雇用でつなぐ

平井誠さん

大阪外国人雇用サービスセンター（厚生労働省）室長

▶大阪外国人雇用サービスセンター
日本で就職を希望する留学生や仕事を探している外国人に職業相談・職業紹介などを行なう厚生労働省の機関（ハローワーク）。外国人を雇用する企業にも支援を行なっている。

平岩　外国人雇用サービスセンターは，外国人の就労に特化したハローワークだと理解していますが，センターの役割や業務についてお聞きする前に，政府の外

国人雇用に関する政策について教えていただけますか。

平井 日本をより世界に開かれた国とするため，政府は「留学生受け入れ30万人計画」を発表（2008年）しました。「日本再興戦略2016」では，外国人留学生の日本での就職率を3割から5割に向上させることを目指し，積極的に外国人留学生の受け入れを行なっています。その結果，日本企業への就職を希望する外国人留学生も増加しています。

平岩 外国人雇用サービスセンターは，どのような背景から設置されたのか教えてください。

外国人と雇用者双方のために設置

平井 平成4年（1992年）頃から外国人の求職者が増えはじめたのですが，入管法などの知識がまったくない方も多かったため，結果的に不法就労になってしまう人も少なくありませんでした。そういう問題に対応するために，外国人雇用サービスセンターが設置されました。つまり，外国人労働者の適切な雇用を推し進めることを目的に作られた施設です。

平岩 センターの位置づけとしては，ハローワークがあっての出先機関ということだと思いますが，業務内容についてお聞かせください。

平井 留学生や就労可能な在留資格をもっておられる方への職業相談などを中心にさせていただいています。一方，企業に対しては，求人を出すにあたってのアドバイス，在留資格の変更，留学生面接会やインターンシップなどを取り組んでいます。

平岩 外国人雇用の現状はどのようになっていますか。

平井 年々増えております。企業からも日々，外国人を雇用したいというご相談があります。ただ，当センターの認知度がまだまだ低いので積極的に周知を行なっているところです。

平岩 外国人雇用の将来の見通しとしては，国の政策としても増やすことに積極的なので，今後も順調に増えていくとお考えでしょうか。

平井 国の政策と人手不足が相まって増加していくと思われます。

平岩 先ほど，留学生の日本での就職率を3割から5割に向上させようとする政策がとられているといわれましたが，留学生は日本の企業で働きたいと思っているのでしょうか。働きたいとすれば，その理由は何でしょうか。

平井 日本企業で働きたいと考えている留学生は多いと思います。母国と比較して賃金が高いこと，国によっては帰国しても仕事が少ないといったところが理由

だと考えています。

外国人が日本で働く際の留意点

平岩 外国人を雇用する際，企業は経営者だけではなく従業員も，文化や習慣の違いなどを理解していないといけないといわれています。外国人が日本の企業で働く際に，留意すべきことはありますか。

大阪外国人雇用サービスセンター

平井 やはりお互いに文化や習慣の違いは知っておいていただきたいところです。留学生も日本独特の就活のルールを知らない人が多いです。

平岩 例えば，ある時期になるといっせいに活動をはじめだすというところやマナーもですね。

平井 そうです。そういうところを知らない留学生も非常に多いです。日本の就活のルールだけを覚えるのではなく，日本の文化も知っていただく必要はあるんですね。日本で働くにあたっては，朝のあいさつや協調性を重んじる等，日本の習慣というのは知っておいていただく必要はありますし，企業の方も外国人を受け入れようとするのであれば，人事担当の方だけではなく，現場の方も外国人と一緒に働くうえで「配慮しなければいけないこと」を知っておいていただく必要があると思います。例えば，すべての方が日本語をきちっとしゃべれるわけではないので，それを踏まえたマニュアルを作成するのも一つの方法でしょうし，働くうえでの配慮というのはお互いに必要になってくると思います。

平岩 啓発やセミナーなどは，企業向け，留学生向けにやってらっしゃいますか。

平井 はい，それぞれを対象に開催しています。

留学生の多様化と求められる文化的配慮

平岩 今後の課題や難しいと思う点があれば教えてください。

平井 これは私の主観ですが，日本の企業自身も外国人を雇いたいというところですが，日本語のレベルにどうしてもこだわられるんですよね。漢字圏の国であればある程度，読み書きができるのですが，今，漢字圏ではない国の人もすごく増えてきているんですよね。

平岩 具体的にどのあたりの国の方ですか。

平井 ベトナムが非常に増えてきております。今までは中国，韓国，台湾の順番

でしたが、特に留学生でいうと、最近は中国、ベトナム、韓国、台湾の順となっています。留学生以外の外国人でいいますと、中国、台湾、韓国、ベトナムの順番となり、近年、ベトナムが増えてきています。日本語学校でも、ベトナム国籍の方を積極的に受け入れている学校も多いです。

平岩　留学生や一般外国人について、男女比はどうなのでしょうか。また、年齢層なども、わかれば教えてください。

平井　われわれのところの利用者は、留学生でいうと女性の方が多いです。日本学生支援機構が出しているところでいうと男性の方が多いです。留学生以外の外国人でいうと半々です。年齢に関しては本当にいろいろです。性別や年齢層に関わらずまったく日本語がしゃべれないという方もいらっしゃいますが、当センターは通訳を配置しておりますので、外国人に利用していただきやすいと思います。

平岩　留学生がつく仕事には、どのようなものがあるのでしょうか。

平井　在留資格によってつける仕事が違います。

平岩　そうですか。ところで、ムスリムの方はお祈りの時間がありますよね。日本の企業でムスリムの人が働きたいという場合、どのような配慮が必要なのでしょうか。

平井　本人も「私はお祈りの時間があります」という説明を企業にしますし、当然、私たちも（お祈りで）働けない時間帯があることを説明してご紹介させてもらっています。

平岩　企業で外国人雇用が増加しているなかで、今後、さらに職場で働く外国人が増えていくと予想されます。外国人と共に働くことを想定した場合、日本の学生が学生時代に何かトライしておけば良いことなどありますか。

平井　同じ学校に留学生がいれば、積極的に声をかけてあげていただきたいです。日本人の学生に溶け込むのが難しいのか、やはり同じ国の人と集まる留学生が多いんですね。日本の就活のルールも、日本人と行動していたら早くわかるようになります。積極的に日本人とコミュニケーションをとらない留学生は、いろんな情報が入らないので、就活も遅れてくるんですね。日本人学生からどんどん声掛

けをしてもらいたいです。留学生と仲良くなれば，当然，外国人も日本人を見る目が変わってくるでしょうし，日本人学生にとっても，今後，同じ土俵で働いていくために学生のうちから（外国人と）身近に慣れ親しんだほうがいいのかなと感じますね。

■インタビュー⑥
留学生と日本人学生にお互いの文化理解の大切さを教える

寿マリコさん

池坊短期大学教授
環境文化学科学科長

▶寿マリコさん
池坊短期大学教授。池坊短期大学環境文化学科学科長。著書に『好印象で面接に勝つ！就活メイク講座』（ミネルヴァ書房），『新社会人のためのビジネスマナー講座』（ミネルヴァ書房）がある。情報サイト「All About」でビジネスマナーについての記事を連載中。

平岩 近年，留学生が増加しつつあります。留学生のなかには，日本で就職を希望されている方も少なくないと思います。留学生と日本人学生というと，日本人が留学生の言語や文化をどう理解すべきか，という点に焦点が置かれがちです。もちろん，それも重要ですが，就職を念頭に置いた留学生の存在が少なくないとすれば，留学生のサイドでも考えておくべきことがあるのではないでしょうか。寿さんは短期大学の授業で留学生にも日本の文化やマナーを教えていらっしゃるそうですが，日本人の学生に教える場合と違い，教える内容などで気をつけていらっしゃることはありますか。

寿 将来は日本の企業で働きたいという留学生は多くいますが，日本の企業で働く場合，日本のビジネスマナーが必要になってきます。ビジネスマナーの入り口として，日本での就職活動の際に必要となる就活マナーから教えるようにしています。

留学生に求められる日本の文化や慣習の知識

平岩：具体的にどのようなことを教えておられるのですか。

寿　お辞儀や挨拶などの礼儀，ヘアやメイク，服装などの身だしなみ，表情や話の仕方，敬語などについて教えています。また，企業に就職した際に，留学生が日本人とより良い関係を築き共に働いていくために，就活やビジネスマナーだけではなく，日本の文化や慣習についても知っておく必要があります。そのあたりも含めて伝えるようにしています。

平岩　留学生は日本の文化やマナーについてどのように感じているようですか。

寿　日本のきめ細やかな気遣い，おもてなしの文化には感心するそうです。人が見ていないところでも手を抜かないことや，自分が捨てたゴミでなくても，拾ってゴミ箱に入れるというところも素晴らしいと感じているようです。

平岩　寿さんの考えるマナーとはなんですか。

寿　マナーとは，相手に対して敬う心や思いやる心を，目に見える形として表わしたものです。相手への思いを，より良く合理的に伝えるためのメッセージだと考えます。マナーは，その時，その場所，その相手に合わせた立ち居振る舞いで，相手に合わせて臨機応変に対応することが大切ですので，型だけにとらわれてしまうと心を失った行動になってしまいます。日本人には，争うことを避け，話し合い，共に生きていく「和」を重んじる精神が古くから根付いています。聖徳太子が作ったとされる十七条憲法に，「和をもって貴しとなす」という一文があります。「和」とは，お互いに認め合う心，譲りあいや思いやりの心であり，十七条憲法では調和や和合などを重んじています。外国の方が日本に来て，日本人のマナーの良さに感動されますよね。このような和の精神が，現在も日本人のマナーのなかに生きているのだと思います。

日本人学生が外国人と共に生きるには？

平岩　これまで留学生のサイドに立って考えてきましたが，日本人の学生が留学生をはじめとした海外から来られた外国人と共に生きていくためにどのようなことが大切だと思われますか。

寿　現在は，多くの外国の方と接するだけではなく，働いたり，生活していくことが当たり前の時代に入りました。日本人には，常に相手の立場に立って物事を考えるという価値観が尊重されてきました。しかし，外国の方の場合は，必ずしもこの価値観を共有しているわけではありません。そのため，日本人の側から見

ると、これまでの考え方では対応できない場面も生じてしまいます。とはいえ、日本にいるのだから、日本の慣習に従えというのでは、お互いに良い関係を築くことはできないでしょう。やはり、相手との違いを理解し、適切な対応を行なうことが大切になると思います。

平岩 外国人と接する際、日本の人たちは、どのようなことに気をつけなければいけないとお考えでしょうか。

寿 外国の方から、コミュニケーションの際に、相手の表現が何を意味するのかわからない、ということを耳にします。例えば、職場で外国人スタッフに「身だしなみを整えたほうが良いですよ」といったとします。この表現は、日本人には「身だしなみを整えてください」という意味でいっているのだろうと理解してくれますが、外国の方にとっては表現が弱く、一般的な提案ととられがちです。物事をはっきりといわず、推し量る、空気を読むということが、外国の方にとっては、わかりにくい表現でしょう。外国の方と接する場合、自分にとって常識だと思っていたことが、他の国の人にとってはまったく違っていたということがあります。今までは当たり前だと思っていた事柄が、外国の方に接して違っていた場面では、相手のことを「理解できない」と思ってしまい、相手を拒否してしまうかもしれません。私たちは、相手の国や文化について知って、違いがあることを理解する必要がありますね。

平岩 文化の違う方たちと共に生きるための、今後の課題や難しい点があれば教えてください。

寿 日本には、謙遜や恥、物事を推し量り察することなど、独自の文化や考え方があります。それらは、古くから日本人が大切にしてきた物事の捉え方や美意識です。ところが、このような日本人にとっての美意識は、外国の人にはわかりにくいところでもあります。今後は、古くからの良いところを活かしながら、新しいことも融合させて進化していくことが重要になると思います。

日本の文化を知り、伝える努力の大切さ

平岩 企業や地域でも外国人が増加しているなかで、学生が在学中に考えたり、トライしておくと良いと思われることはありますか。

寿　2016 年の訪日外国人数は 2404 万人，2017 年には 2869 万人で前年比 19.3％増となっており，日本政府観光局（JNTO）が統計を取りはじめた 1964 年以降過去最多の訪日数となっています。これからも訪日外国人の数は増えていくでしょう。また，外国人労働者の数も 2017 年には 128 万人で前年比 18％増，外国人留学生は 2017 年 5 月のデータで 26 万 7042 人となっており，前年比 11.6％増です。それに伴い，相手の文化を理解したうえでの対応がますます必要となるでしょう。外国の方とのコミュニケーションに必要なことは，まず私たちが自分の文化をしっかりと理解すること，そして相手の文化を知り，違いに理解を示す対応力を身につけることが大切だと思います。在学中に，自国の文化や他国の文化についての理解を深めておくことが良いのではないでしょうか。

平岩　自国の文化や他国の文化を理解するためには，具体的にどのようなことをすると良いでしょうか。

寿　外国の方に接すると，多くの方が日本の文化に興味をもたれていると感じます。華道や茶道，香道，雅楽，能，歌舞伎など日本には素晴らしい文化が数多くあります。これらの文化について，外国の方に質問をされることがあります。学生の皆さんには，ぜひ，華道や茶道などの日本の文化にふれていただきたいと思います。そして外国の方と知り合ったら，どんどん日本の文化について伝えてほしいと思います。また，他国の文化にも興味をもち知ること，理解を深めていただきたいと思います。

平岩　ありがとうございます。最後に，これから社会に出て行く大学生の方々に，学生時代に，何かキャリアプランを意識し，準備をしておいたほうが良いことはありますか。

寿　いろいろなことにチャレンジしていただきたいですね。まずは興味のあることを「やってみよう」と思う気持ちが大切だと思います。そして，フットワークを軽くして，行動してみると，自分にとって何が幸せなのか，自分は何に興味があるのか，何が好きなのかなど，自分を知ることができます。それから，自分と同じような年齢や趣味の合う人とは仲良くなりますが，多様な人とも仲良くしてもらいたいです。いろいろな価値観を受け入れることを経験することで，多くの発見があったり，自分が成長できると思います。

■インタビュー⑦
「食」に配慮が必要な人々向けの事業を展開する起業家

菊池信孝さん

株式会社フードピクト代表取締役
特定非営利活動法人インターナショクナル理事（設立者）

▶株式会社フードピクト
特定非営利活動法人インターナショクナルからフードピクト事業が独立し2017年1月に誕生。フードピクトは，すべての人に食の安心を提供することを目的に開発したユニバーサルデザインの食材表示の絵文字である。

平岩 学生がキャリアを考える場合，企業や行政への就職をイメージするのが一般的だと思いますが，菊池さんは就職ではなく起業を選ばれたとうかがっています。しかも，NPOによる社会的起業家を目指されたわけですが，どのような理由からでしょうか。

菊池 2001年9月にアメリカで同時多発テロ事件が起きたとき，当時，高校生だったのですが，それまで授業のなかで，国際関係や戦争と平和のようなことは学んできましたが，テレビ越しですがリアルタイムで見て，ショックを受け世界平和に興味をもちました。2005年の4月に当時の大阪外国語大学（2007年に大阪大学に統合）に入学しました。途上国開発を専攻にしながら，外大なので，いろんな国の留学生の友達を作っていきました。そこで，ムスリムやベジタリアンの友達が学食で食べられないなど，「食」に苦労していることを知りました。

起業のきっかけになったJICAのボランティア活動

平岩 宗教上の戒律や規律，菜食を選択しているなどの理由で食べられないものがある人と身近に接したことで，「食」に興味が湧いたのですね。

菊池 大きなきっかけは，大学1年からJICA（独立行政法人国際協力機構）のボランティアに登録をしていたことです。世界各国から日本に研修に来る政府や企業の人に，ボランティア活動を行なっていました。駅での切符の買い方や飲食店でのオーダーの仕方などを教えるプログラムを通じて，サウジアラビアから来た人たちの食事のもてなしに大変苦労した経験がありました。イスラム教の戒律によ

フードピクト

り，豚とお酒が一切飲食できないので，「日本食を食べてみたい」というご要望だったのですが，お寿司屋さんやお蕎麦屋さんに行っても，「本当にこれに豚とお酒が入っていないのかわからない」ということで，結局，その日は，ファストフードで魚のハンバーガーを食べることになりました。私自身がおもてなしをする側として，「前もってよく調べておけばよかった」と，大変残念な思いをしたことが活動のスタートとなりました。

平岩 起業を考えたのは，大学を卒業してすぐですか。

菊池 大学に2005年に入学をして，2006年から学園祭で飲食店に「多言語表示」をするなど，「フードピクト」の取り組みをはじめました。同じタイミングで，学校の授業で「ソーシャルビジネス」があり受講していたのですが，その先生が edge の実行委員長をされていらっしゃって，「おもしろいから，出してみたら」ということで，コンペに出すことになりました。

平岩 edge というのは Entrance for Designing Global Entrepreneurship の略で，直訳すると「グローバルな視野に立つ起業家をデザインする玄関口」という意味の NPO ですね。2004年から社会企業家育成のコンペを開催しているそうですが，それに参加されたということですね。

ビジネスコンペを経て，本格的な起業へ

菊池 はい，コンペでは，ビジネスプランを発表するのですが，審査員による「優秀賞」と観客が選ぶ「共感賞」をいただき，「これは世の中に必要とされているのかもしれない」とはじめて感じました。賞金30万円をいただいたこともあって，ソーシャルビジネスの世界で企業を考えるきっかけになったと思います。

平岩 社会的な課題への取り組みは大切ですが，起業を考えられた当時，人びとにハラルフード（イスラム教の戒律により食べることが許された食べ物）などについて理解してもらうのに苦労されたのではないでしょうか。

菊池 今はムスリムの観光客も増え，ハラルフードの店も多くなりました。しかし，当時，関西では，エスニック料理を出す店でたまたまそういう対応ができる

ところがあったぐらいでした。「このビジネスの意義はわかるけど，今は食に制限のあるお客様も少ないので……，がんばってね」という反応で……，最初の実績作りは苦労をしました。

平岩 フードピクトが今のように認知されるようになるまで，どのようにビジネスモデルを進めてこられたのですか。

菊池 学生の間はネットワークもお金もなかったので，自分の大学の学園祭と周辺の大学である立命館大学や同志社大学の学園祭でも，絵文字を使った表示実験に協力いただきました。大学のあった北摂地域のお店やファミリーマートにも協力いただき，表示実験をして，お客さんやお店の人の反応を聞くことをしていました。大学卒業が2009年ですが，その年に横浜でAPEC（アジア太平洋経済協力）が開催されることが決まりまして，それに伴って横浜市も応援するから，日本初の新しい食材表示をコミュニケーションとして発信しましょうということで，横浜市からも一部助成金をいただいて，2010年「日本APEC横浜」に今のデザインを導入しました。

平岩 現在はどのようにビジネスをされているのですか。

菊池 今は，フードピクトのデザインの使用権利やマニュアル，問い合わせ対応に関するライセンスの商品とシールや案内表示などのグッズ，ホテル・飲食店の方たちを対象とした研修やコンサルティングがメインとなります。食を通しての相互理解とか異文化理解ができればいいなと考えています。なお，2011年には，関西国際空港の飲食店に導入していただきました。そこではじめて，常時365日，フードピクト表示が一般の人の目に触れるようになりました。その後，関空を見た成田空港も2013年から使っていただき，広がりが出てきました。

平岩 空港だと日本中の人，世界中の人の目に触れますよね。フードピクトはパッと見たらわかるので，消費者目線からいうと大変便利ですね。ところで，最近，食物アレルギーの方も多いですね。

フードピクトを食物アレルギーに応用

菊池 最初は留学生やJICAの経験からだったので，外国人向けの表示からスタートしたのですが，アレルギーのあるお子さんがいるお母さんと出会う機会が

ありまして，食のバリアーフリーのような感覚で，宗教的なものと同時にアレルギーにも対応していけたらいいなということで，フードピクトを活用しています。
平岩 読者である学生が，就職したり，親元から離れ地域で生活していくうえで，ムスリムやベジタリアン，食物アレルギーのある方に対し，知っておくと良いことなどありますか。
菊池 アレルギーは世界的に増加していますし，宗教上の理由やベジタリアンのため食べてはいけない，あるいは食べられないものがある方は，今，約31億人も世界にいらっしゃいます。総人口の4割ぐらいになるんですね。今はうちのインターンでもアメリカ人とか来ているのですが，この先，必然的に，よほどドメスティックな企業でない限り，そういう方と接する機会が出てきますので，知識としてこういうことを知ってるのと知っていないのとでは，コミュニケーションの取り方とか，一緒に食事をする場面でのお店の選び方などで大きく変わってくると思います。特に「食」に関しては，食べない人は世の中にいないので，知っていただき，理解をしていただくことは，大切だと思います。
平岩 「食」の多様性に対して理解や配慮をするために，今，学生がしておくと良いことはありますか。
菊池 留学生が学校にいる場合は，積極的に関わることや，観光などで何か困っている外国人を見かけたときは，声をかけてお手伝いをしてみるのもいいと思います。他の文化をもつ方たちに積極的に関わってほしいと思います。

平岩 いろいろなお話をお聞かせくださり，ありがとうございました。最後に，大学を卒業した後に選択肢として起業を考えている学生に，アドバイスをお願いします。
菊池 私のときもそうでしたが，若くして起業すると応援してくださる方がいらっしゃいます。大学の先生も応援してくださいましたし，起業家の先輩たちもつながって応援してくださいました。早めにはじめると，応援してくださる人とも早く出会える確率が高くなりますし，早くはじめた人が，やはり，業界のシェアを取るということもあるので，やりたいことがあれば躊躇せずにどんどんがんばってほしいと思います。

■インタビュー⑧
父親の家事,育児の大切さを訴える

篠田厚志さん
NPO法人ファザーリング・ジャパン関西理事長

> ▶ NPO法人ファザーリング・ジャパン
> 2006年「父親であることを楽しもう」の理解・浸透を目的に設立された。
> NPO法人ファザーリング・ジャパン関西は「笑ろてるパパがええやん！」を合言葉に2010年発足,2013年にNPO法人認証取得。

平岩 女性の活躍推進の必要性が叫ばれていますが,既婚女性の場合,男性の育児や家事への参加が不可欠にもかかわらず,男性の意識がついてこれていない,といわれることも少なくありません。NPO法人ファザーリング・ジャパン関西では,男性の育児や家事について多くの取り組みをされていると思いますが,これまでの取り組みについて教えてください。

篠田 私たちの活動は,男性の子育てが浸透していなかった時代から進めてきましたので,その頃は,まずは,お父さんの子育てが「できるよ」ということと「必要だよ」ということをイベントなどで知ってもらう取り組みが多かったです。

「夫婦一緒」も新たな段階へ

平岩 育児に関する男性の理解が進みつつあるとお考えですか。

篠田 今は,お父さんが子どもを連れて公園で遊んでいるところや,お父さんと子どもだけで出かけているところなどを見かけるようになりましたね。次は,関わっている人たちが子どもや家族とどのように進んでいきたいのか提案する段階にきたのかなと思います。

平岩 次の段階というのは,具体的にどういうことでしょうか。

篠田 夫婦が共に働き共に子どもを育て家事をする,夫婦で一緒にやっていくことは,どれだけ金銭的にも気持ち的にも必要であるか,ということを理解していただくための啓発があります。それから,男性が家事・育児に関われば,子どもも二人目を産みたい,三人目も産みたいという,お母さんからの声も多くありま

した。

平岩 男性が家事・育児に関わることは「少子化対策」につながるということでしょうか。

篠田 そのような視点から，自治体でのイベントや啓発の依頼も多くありました。ただ，子育てに関わりさえすればいいというのではなく，これからは内容に移ってきています。どういう内容でどういう子育てをしていくのがい

父子ツアー

いのかなどの質問を受けることが多くなりました。そういう悩みや期待があるなかで，それに応えていくというのが，NPOとして次に求められていることだと思っています。

平岩 特にユニークだったり，好評だった取り組みはありますか。

篠田 2017年にはじめた，「父子ツアー」という，お父さんと子どもだけでアメリカで一週間過ごす体験ツアーに大変反響がありました。これまで，息子・娘と二人きりの生活をしたことがなかったお父さんに，海外で子どもと過ごしてもらいます。アメリカで暮らして働く日本人のお父さんとのセッションも企画しました。アメリカに住んでいれば国籍は関係なく，仕事を上手く調整して子どもとの関わりをとても大切にする働き方をしていることを知ることができたと思います。

平岩 それは刺激になりますね。

篠田 他には，「パパティーチャー」という，お父さんと主に未就学児の子どもがワンセットとなって，高校や大学などの学校でゲストスピーカーとしてお話をさせていただく活動があります。子育てと仕事の両立や結婚の話などを学生に伝えています。

無理のないワーク・ライフ・バランスを

平岩 男性が育児や家事に関わっていくということは，これまでのような仕事一本槍ではなく，仕事も家庭もという，いわゆるワーク・ライフ・バランスを考慮した生き方，ということになると思います。男性から見たワーク・ライフ・バランスについて，篠田さんはどのように考えていらっしゃいますか。

篠田 ワーク・ライフ・バランスというのが，時間的や精神的なことを含めて「やじろべえ」のようにバランスを取るものだと感じています。ときにはどちら

かにすごく傾くことがあっても，こけ
ない状態というイメージというか……，
数字で割り切れるようなものではない
と思っています。男性のなかでも考え
に個人差がありますし，その人に合っ
たワーク・ライフ・バランスの取り組
み方があるのではないかと思います。

平岩 篠田さんは，NPO代表として
お忙しい日々を過ごされていると思いますが，ご自身のワーク・ライフ・バラン
スはどのようになされていますか。

篠田 残業がまったくない生活スタイルとか，日々，家族と同じ時間いることが
ワーク・ライフ・バランスの象徴的なものに捉えられるんですが，そういうわけ
ではなくて，仕事で一週間ぐらい家族と会えないときもあれば，仕事よりも家族
を優先したいときもあります。そのなかでどれだけ正直でいられるのか，今の生
活スタイルのなかで，仕事と家族のどちらかを犠牲にしていることはありません。
犠牲にしていないということは，ぼくのなかで，ワーク・ライフ・バランスが取
れていると思います。

平岩 お話を聞いて感じたのですが，夫婦の片一方だけに育児や家事の責任を押
しつける関係ではなく，気持ちが一緒であると，お互いに納得しあい，孤独感を
味わうことがないというところにつながるのですね。

篠田 ワーク・ライフ・バランスは，自分のより良い人生というか生き方を実現
していくための一つの考え方やツールであって，ゴールではないと常日頃から
思っています。自分が良いと思う暮らし方や家族のあり方を考えて実現するため
に，どう仕事をすればいいのか，どう家族と関われば良いのか，夫婦間の仕事の
調整はどうするのかなどを考えて，どこかに無理やしわ寄せがいかないようにす
るということが大事だと思います。

「死ぬこと」への意識で公務員からNPOに

平岩 篠田さんは，もともと，公務員だったそうですね。公務員から，NPO法
人の理事長へキャリアチェンジをされた経緯についてお話しください。

篠田 いくつか理由はありますが，大きなきっかけは，29歳のときに病院の検
査結果で，はじめて「死ぬこと」を意識したことです。そのときに，自分の人生
の長さとか質とか，自分自身にとって幸せかどうかとか，そういったものと向き

合うことができました。その後，検査結果は大丈夫でしたが，向き合えたことで，自分が本当にやりたいことをやろうと考えて，NPO の活動に飛び込んでみようと思いました

平岩　安定した公務員を辞めることで，奥様や家族はどのような反応でしたか。

篠田　妻もフルタイムで働いていたので，働き方次第なので何とかなるかなと思っていました。突然，思い立ったから公務員を辞めるというのではなくて，妻には数年かけて自分のやりたいことを話してきました。誰のためにそれをやりたいと思っているのかですよね。子どものためにやりたいと長い時間をかけて話していたので，妻は理解をしてくれていました。

平岩　常日頃からコミュニケーションはしっかり取っていらっしゃったのですね。篠田さんは 20 歳で奥様と出会われて，二人の子どもとマイホームのある家庭を築くというはっきりとしたプランをもたれていたそうですが，子育てについてはどのように考えていらっしゃったのですか。

篠田　その当時の多くの家庭がそうであったと思いますが，父親は仕事で忙しく，自分は父親と一緒にいた記憶があまりなくて，そんななかで自分が子どもをもって親になったときは，たくさん関わっていきたいなと思っていました。休みの日に家族で一緒に楽しく過ごすためには，自分はどういうキャリアが必要なのかという視点で，一つ一つ考えていた気がします。

平岩　ありがとうございます。では，最後に，読者であるこれから社会に出ていく学生の皆さんへメッセージをお願いします。

篠田　大切なのは，一歩先の状態をどれだけ考えられるかということだと思います。自分はどういう生き方を実現したいのか，幸せになるために自分には何が必要なのかということを考えて，それに見合ったキャリアを身につけていくことが大切だと思います。もう一つは，今回，ワーク・ライフ・バランスの話が出ましたが，自分がしたいことを実現するために，どう自分の行動を変えていくのかということです。今の仕組みが無理だからできないと思うのではなく，そのなかでも自分は何ができるのか考えることを学生のうちから常に意識することで，結婚や出産，転職などで，いろいろなパラダイム・シフトが起きるなか，自分のあり方が常にぶれることなく生き続けられると思います。

■インタビュー⑨
R-1 ぐらんぷり 2018 優勝

濱田祐太郎さん
よしもとクリエイティブ・エージェンシー所属

> ▶濱田祐太郎さん
> R-1 ぐらんぷり 2018 チャンピオン。先天性緑内障のため生まれつきほぼ全盲（左目が見えず右目も明暗がわかる程度）の漫談家。よしもとクリエイティブ・エージェンシー所属。

平岩　濱田さんは，先天性緑内障のため，生まれつき左目が見えず右目も明暗がわかる程度だとお聞きしています。その中で，お笑い芸人になろうと思ったのはいつ頃で，何かきっかけがあったのですか。

濱田　漠然と「お笑い芸人になりたい」と思ったのは，中学生ぐらいですかね。きっかけは，はっきりこれだというものはなく，昔からお笑いが好きで，自然と将来は芸人になりたいなと思うようになっていったという感じです。

好きだから，続けてこられた「お笑い」

平岩　若い方のなかにも，「お笑い芸人になりたい」と思っている人は多くいますが，厳しい世界だと思います。濱田さんが続けてこられて芸人になる夢を叶えられた原動力は何ですか。

濱田　原動力，なんやろうなあ。単純にお笑いが好きだったからだと思います。好きだから続けてこられたんじゃないかなと思います。

平岩　本格的に芸人を目指されたのはいつ頃ですか。

濱田　ずっとなりたいと思っていたので，その頃から本格的だったと思うのですが，実際には NSC（吉本総合芸能学院）に入学することになった 22 歳の頃ですね。

平岩　他のインタビュー記事で，「目の不自由な人を受け入れた前例がないので，どこまでサポートができるかわからないけれど」といって NSC が受け入れてくれた，と回答されていましたが，NSC のサポートはどうでしたか。

濱田　必要なサポートはしてくれました。NSC の教室のなかでも，サポートは

ありました。手助けはしてくれていましたね。

平岩 NSCでの授業はどのように受けていたのですか。

濱田 講師の前でネタを披露するネタ見せの授業などは出ていましたけど，必要ないかなと思う授業は出ていなかったですね。障害あるなしに関わらずそういう生徒は他にもいましたので，自分に必要だと思う授業を受けていました。

平岩 卒業後はどういう感じだったのですか。すぐ，吉本に所属できたんですか。

濱田 卒業後は，オーディションのイベントがあって，オーディションに受かった人が劇場のメンバーとして劇場の公演に出られるようになります。劇場のメンバーになったのは，僕の場合は2017年の6月なので，それまでの4年半はオーディションを受けていたかたちですね。

視覚障害者の代表ではなく，一人のお笑い芸人

平岩 お笑いのネタを作られるときに，他の視覚障害をおもちの方を気遣う部分とかはありますか。

濱田 ないです。僕は濱田祐太郎としてしゃべってますけど，視覚障害者の代表としてしゃべっているつもりはないんです。見ている人は難しいかもしれませんが，僕はお笑い芸人としてやっていますけど，他の視覚障害者が全員そうだとは思わないでほしいな，という気持ちはあります。だからといって，僕が他の視覚障害の人に気を遣うのは，また，変な話だと思うんですよね。

平岩 「一人芸で誰が一番おもしろいかを決める大会」といわれているR-1ぐらんぷり2018に出場し，3795人の出場者のトップになられて注目されていますが，今，多様性，多様化がいわれている時代に，濱田さんの存在はとても大きいと思います。芸能界でも，外国人やLGBTで活躍されていらっしゃる方は多くいますが，今後，濱田さんの活躍を見ることで，障害をもたれている方で芸能界入りを考える方も増えてくるのではないかと思います。ところで，共演者の反応はどんな感じですか。

濱田 どうなんでしょうね。今まで芸人として視覚障害者がいたっていう前例がないですから，どうからんでいいかわからない，どうしゃべっていいかわからな

いというのがあるかもしれませんね。

平岩　前例がなかったということでいえば，濱田さんがパイオニア的存在ですね。数年後は，障害のある人もない人も同じテレビ番組で自然に共演し，活躍する時代になるのではないでしょうか。濱田さんは，今後，こういう風になりたいとか希望はありますか。

濱田　芸人で必要最低限の生活費が稼げれば……。極論，それですよ。お笑い芸人で生活していける，それが最高の理想です。

平岩　表現の方法とかはどうですか。

濱田　表現の方法は今後も変わらないと思います。日常のなかで起こったことを漫談としてしゃべっていくスタイルなので，今後もやっていくスタイルは同じだろうと思います。

平岩　お忙しいなかで，お笑いのネタはいつ考えられているのですか。

濱田　真剣に考えているわけではないのですが，常に考えています。家にいようが外にいようが，うっすらと，この話を舞台でしゃべったらどうなるかなあという風に考えています。

続けるうえでの迷いはあるが，辞めようと思ったことはない

平岩　学生のなかには，いろいろな面で悩みがあったり自信がなかったりで，夢をあきらめかけている人がいると思いますが，濱田さんは芸人をあきらめたり続けることに葛藤されていたことはありますか。

濱田　ないですね。芸人を辞める，辞めないの迷いはまったくないです。芸人自体を辞めようかと思ったことはないですが，続けていくうえでどうしようという迷いはあります。僕，今年で29歳ですけれど，それでもまだ迷いますよ。今，たぶん，学生の人たちも迷っているでしょうけど，それはずっと続くことだと思うので，あまり思いつめすぎないほうがいいと思います。迷いなく生きていける人はいないと思うので，迷いながらも「こうしてみようかなあ」と思ってやっていってもらえればと思います。

平岩　読者であるこれから社会に出る若い方たちに，学生時代にやっておけば良いことなどがあればお話しください。

濱田　単純ですが，やりたいと思ったことをやっていってほしいと思います。やりたいことがなかったら，ちゃんと勉強しておいたらいいんじゃないですかね。僕，中学のとき，2年間引きこもっていたんですが，そのあたりの学力がごっそりないんですよ。そこらへんの必要最低限の学力って，あったほうがええなあと今は思うんですよね。なので，やりたいことがある人はそれをやって，やりたいことが特にない人は，今はちゃんと勉強しておけばいいと思います。

平岩　いろいろとお聞かせいただき，ありがとうございました。最後に，読者にメッセージをお願いします。
濱田　やりたいことがない人は，これから，やりたいことを見つけてください。意識して探してみてください。2種類あると思うのですが，考えてイメージが固まる人とやってみてイメージをつかむ人。やってみてイメージをつかむ人は，どんどんやってみればいいし，考えてイメージが固まる人は「自分がもし，これをやったらどうなるか」と想像してみるといいと思います。自分に向いているやり方を探して，自分がやりたいことを見つけていってもらえればいいと思います。

第2章

「共に生きる」が求められる現代社会

　私が勤務している短期大学は，京都のメインストリートの四条通りと烏丸通りが交差する四条烏丸のすぐ近くにあります。この四条烏丸の一つ北の筋が錦小路です。「あね　さん　ろっかく　たこ　にしき……」という京都の通り名の唄にも出てくる，「にしき」のことです。
　錦小路の京都の南北をつなぐ大通りの烏丸と河原町の間の大部分，正確には高倉通りと寺町通りの間は，錦市場と呼ばれています。江戸時代の1615年，幕府から魚問屋の称号が許され，魚市場として栄えたところで，400年以上の歴史をもち，「京の台所」と呼ばれてきました。京の旬の食材や野菜，漬物，佃煮，干物，お茶，お菓子，豆腐などを売る120余りの店舗が立ち並んでいます。
　「京の台所」という呼び名からは，生粋の京都人である地元の主婦や仕事帰りのサラリーマンなどが立ち寄る市場のようなイメージを受けるのではないでしょうか。皆さんも修学旅行や観光で訪れたことがあるかもしれませんが，3.3から5メートルという狭い通りを行き交う人びとの間からは，京都弁はほとんど聞こえてきません。道行く人の多くは，外国からの観光客だからです。
　こうした光景は，錦市場に限ったことではありません。全国各地の観光地には，海外から訪れた人びとで埋め尽くされているといっても過言ではないでしょう。観光客は一時滞在者ですが，大学のキャンパスには留学生が増え，職場や地域に外国籍と思われる人びとの姿を見かけることも珍しくなくなってきました。国際結婚により，異なる民族や人種のカップルによって構成される家族も増加しています。
　日本は，ホモジニアス，すなわち単一民族社会から，多民族の人びとからなるヘテロジニアスな社会に移行しているのです。こうした状況を社会のダイバーシティ化といいます。ダイバーシティというと，こうした人種や民族の多様性を思い浮かべがちです。しかし，男性と女性という二者だけでなく，レズビアン，ゲ

イ，バイセクシャル，トランスジェンダーの頭文字をとった LGBT という 4 文字で表現される同性への性的指向をもつ人びとなどの性的マイノリティが注目されていますが，これもダイバーシティ化の一環です。

より身近な例をあげれば，「人生 100 年時代」の到来による，年齢差に基づく多様性や障害の有無も，人びとの多様性を深めています。さらに，イスラム教徒に代表される，これまで日本であまり馴染みのなかった宗教をもつ人びとや，ビーガンと呼ばれる菜食主義者の存在も注目されています。

本書は，皆さん一人ひとりのキャリアをどうプランニングしていくかということを一緒に考えていく内容です。学生の皆さんにとって，キャリアというと，自分の好きな科目に関連する仕事や興味のある職業に，どうやったらつくことができるのか，という観点から捉えがちになるのではないでしょうか。

それは，それで大切ですが，キャリアは，職業に関してだけではなく，人生全体に及ぶものです。したがって，職場における上司や同僚，顧客などに加えて，ワーク・ライフ・バランスが注目されるように，家庭や地域の人びととの関係も含めて考えていくことも求められています。今日のダイバーシティ社会でキャリアを考えることは，職場内外における，多様な人びとと「共に生きる」道をさぐることに他なりません。

このような観点から，ダイバーシティ化ということばで表現される，日本社会の変化に伴い，職場に加えて，家庭や地域の現状，そして将来の変化を見通し，それらに適切に対応して「共に生きる」力を養っていくことが，目指すべきキャリアを達成するうえで重要だと，本書は考えています。では，社会のダイバーシティ化はどの程度，またどのように進んでいるのでしょうか。そして，それに対して，どのように対応していったらいいのでしょうか。この章では，キャリアプランニングとの関係で，これらについて，考えていきたいと思います。

1　差別禁止から多様性の尊重へ

「分離すれども平等」ということばを聞いたことがあるでしょうか。いまから 120 年ほど前の 1896 年，アメリカの連邦最高裁判所が出した，プレッシー事件判決で用いられるようになりました。この判決は，州法によって公共施設や交通機関，トイレを白人用と黒人用に分離することなど，人種分離を義務づけていても，両方の施設の品質が同等であれば，人種差別でないため，合衆国憲法に違反しない，という判断を示したものです。

プレッシー事件判決が出された頃のアメリカは，南部を中心に，学校や病院，交通機関や公園などの公共施設において白人と黒人を分離する法律，人種差別法が相次いで制定されていました。黒人への差別を制度化する，いわゆるジム・クロウ法です。しかし，それから半世紀余り経った1954年，白人児童向けの学校と黒人児童向けの学校とにわけたカンザス州トピカの教育委員会の措置に対して，連邦最高裁判所は，「分離すれども平等」の考えを否定して，「教育施設における人種分離」を憲法違反としたのです。これは，原告の名前から，ブラウン判決と呼ばれています。

　ブラウン判決は，分離は合衆国憲法第14条修正がうたう法の平等な保護を奪う，というものでした。公立学校における黒人と白人の共学を実現させる出発点となったばかりではありません。人種の分離や隔離そのものを否定することで，アメリカ社会における人種関係のあり方を大きく転換させることになりました。同時に，いままで述べてきたダイバーシティな社会を進める大きな一歩になったのです。

　もちろん，ブラウン判決が否定したのは，人種関係における分離や隔離という差別です。女性や障害者，LGBT，そして宗教的少数者などと，アメリカでいえば多数派であるWASPと呼ばれるアングロサクソン系白人のプロテスタントのうちの男性との間の問題を直接扱ったものではありません。しかし，この判決以降に大きな広がりを見せた黒人の公民権運動は，性別や性的指向，さらには宗教的な差別に関しても撤廃されるべきだという考えや運動に発展したのです。

　それまで，白人は白人だけ，男性は男性だけ，健常者は健常者だけで生活してきた人びとにとって，これは大きな試練でした。しかし，この新しい人間関係を受け入れることが求められる以上，それに対応する方法を考えなければなりません。そうでなければ，白人と黒人がわかれて生活してきたための「安定」は，一緒になることで「混乱」や「対立」に転化し，社会は崩壊してしまいます。そこで登場したのが，ダイバーシティという理念なのです。

❖ ダイバーシティに向けた制度

　このように，ダイバーシティとは，人間関係のあり方を示す理念の一つです。しかし，理念といっても，「そういう考えがある」というような，人びとの頭の中だけにとどまっている存在ではありません。アメリカでは，この理念を支え，促していく制度がつくられていきました。

　差別を禁止し，ダイバーシティを促進するための制度は，奴隷制度の廃止が

きっかけの一つになった南北戦争の直後から憲法の改正を含めて，制定されてきました。しかし，プレッシー事件判決で連邦最高裁判所が「分離すれども平等」の原則を確認したことに示されるように，実効性に乏しいものでした。

しかし，ブラウン判決から10年後，画期的な法律が連邦議会を通過しました。1964年の公民権法です。この法律は，選挙権や民間のホテルやレストランなどの公共の施設，州や自治体の施設，公立学校，職場などにおいて，差別的な扱いをすることを禁止しました。ただし，選挙権については，不十分との批判がでて，翌年の投票権法の成立に至りました。

公民権法は，差別を禁止する法律です。差別的な扱いは，原則的に人種，肌の色，宗教，性別，出身地を理由にしていました。しかし，民間の施設や州や自治体の施設に関しては，性別が含まれていません。性別が含まれていないということは，事実上，女性への差別が認められる，ということになります。また，職場における差別には性別を理由にしたものが禁止されましたが，政府は取り締まりに積極的でなかったため，女性団体が抗議運動を起こしました。さらに，障害の有無や性的指向を理由にした差別については触れられていません。

これらについては，その後，徐々に法的な整備がなされていきます。例えば，障害者については，1990年に障害をもつアメリカ人法（ADA）が成立しました。この法律により，雇用や公共施設，交通機関，通信における障害者への差別が禁止されることになりました。同性愛者に対しては，法律ではありませんが，連邦最高裁判所が2015年に同性間の結婚を認める判決を出し，同性愛者の権利擁護に画期的な一歩が記されました。

差別は，禁止しただけではならない，というのがアメリカの考えです。このため設けられたのが，アファーマティブ・アクションです。直訳すると，積極的差別是正措置ということです。公民権法制定の翌年，当時の大統領，リンドン・ジョンソンによって，大統領令として導入されたものです。大統領令とは，大統領が制定する法律ですが，その効力は，原則として連邦政府機関や政府の補助を受けている企業や事業者に限定されます。

アファーマティブ・アクションは，雇用，大学の入試，連邦政府事業契約という三つの分野で実施されることになりました。白人以外の人種，民族，すなわちマイノリティや女性を積極的に雇ったり，大学に入学させたりするための措置です。事業契約においても，マイノリティや女性が経営する企業が対象となり，政府や大企業が積極的に契約を結ぶように努力するようになりました。

なお，アファーマティブ・アクションは，しばしばクウォータと勘違いされる

ことがあります。クウォータは、割当制と訳されていますが、一定の割合を配分する方式です。例えば、女性の採用を50%にする、といったものです。しかし、アファーマティブ・アクションは、仕事や勉学に必要とされる能力や経験を分類し、必要なレベルを満たしている人びとのなかから選ぶやり方です。したがって、原則的に、能力がないのに選ばれるということはありません。

❖ 差別禁止とアファーマティブ・アクションの成果

アファーマティブ・アクションは、女性、とりわけ白人女性の地位改善に大きく貢献したといわれています。この政策が積極的に進められたのは、1970年代から90年代初頭にかけてです。当時、連邦議会の下院議員や上院議員を務めていた、黒人女性のキャロル・モスリー・ブラウンは、「アファーマティブ・アクションとグラスシーリング」という論文(1)のなかで、1972年から93年の間に次のような成果があったと述べています。

① 女性建築家の割合が3%から19%に増加
② 女性医師が10%から22%へと2倍以上に増加
③ 弁護士になった女性が4%から23%へと増加
④ エンジニアで1%未満だった女性の割合が9%に増加
⑤ 女性化学者の割合が10%から30%に増加
⑥ 大学で教鞭をとる女性が28%から42%に増加

さらに、連邦商務省人口統計局の1995年の資料によると、1983年以降、管理職や専門職につく女性の割合は41%から48%へ増え、女性警察官も6%から13%と倍増しました。しかし、1990年代に入ると、アファーマティブ・アクションに対して批判の声が高まり、一部の州で廃止されるなどの動きが広がってきました。その背景には、マイノリティや女性の「優遇」に対する白人男性からの反発や、「過去の差別は解消された」という認識をもつ人が少なくないことなどがあります。

しかし、こうした動きにもかかわらず、女性の社会進出の流れは、大企業にも波及しています。ニューヨークにあるカタリストというNPOが発表した「2015年カタリスト統計:女性と男性の取締役(2)」というレポートによると、2015年の株主総会時におけるアメリカの大手企業の代名詞でもあるS&P500社の取締役のうち、男性は圧倒的多数の80.1%を占めていますが、女性も19.9%と、ほぼ5人

に一人になっています。また、2015年度に新たに就任した取締役に限定すると、女性の割合は26.9％にのぼっており、改善されています。このように、アファーマティブ・アクションによって、大企業の職場はダイバーシティ化してきたのです。

❖ ダイバーシティを求める社会的、経営的必要性

　前述のように、1990年代以降、アファーマティブ・アクションに対する批判の動きが広がっています。しかし、連邦最高裁判所は、今日まで、アファーマティブ・アクションの実施においてさまざまな制約を設けてきましたが、廃止すべきという判断は示していません。それでは、マイノリティや女性の採用や昇進を積極的に行なうよう求められている企業のトップはどのように考えているのでしょうか。

　企業をどのように運営するのかについては、経営者の専権事項という考えがあります。この考えに沿えば、誰を雇い、また昇進させるのかといったことは、経営者の判断に任せられるべきだ、ということになります。アファーマティブ・アクションは、この経営権に対する干渉という面は否定できません。だとすれば、経営者は反発、あるいは消極的に実施しているのではないか、と推察することができます。

　しかし、現実は、かなり異なります。アメリカの有力な経済誌の一つ、フォーブスは、2011年9月20日付のインターネット版に、「大手企業と軍部の指導者、アファーマティブ・アクションを再度支持」と題する寄稿文(3)を掲載しました。アメリカでは、裁判にあたり、しばしば個人や団体が意見書を提出しています。この寄稿文は、連邦最高裁判所がアファーマティブ・アクションに関する裁判を開始するにあたり、インテルやボーイング、コカ・コーラなどの大手企業65社や軍部のトップが支持する考えを伝えたというものです。なお、「再度」とあるのは、以前にも同様の意見書が提出されたからです。

　軍部＝戦闘＝男性の役割、という考えが強いと思われます。しかし、国防総省の発表(4)によれば、2011年時点で、現役の軍人140万人のうち女性は20万3000人と、14.5％を占めています。将官と呼ばれるトップの軍人に関しても、976人中69人（7.1％）が女性です。では、日本の自衛隊はどうなのでしょうか。防衛省・自衛隊によると、2016年時点で、22万4422人の自衛官のうち、女性は1万3707人と、6.1％を占めています。これらの数字は、軍部にとって女性が有用な人材であることを示しているといえるでしょう。

アメリカの大手企業の多くは、なぜ、アファーマティブ・アクションを支持しているのでしょうか。大きくわけると、二つの理由があると思われます。一つは社会的な関心の高さです。前述のカタリストが取締役における女性の割合を公開していくと、「成績の良し悪し」が一目瞭然となります。女性の消費者に気に入られるには、良い成績を目指す必要があるのです。このことは、家庭で何を買うかを決める際、女性の役割が大きいことが指摘されているなかで、極めて重要です。また、これに関連して、「女性を尊重する企業」というイメージを出すことで、有能な女性を従業員として獲得したい、という意識も働いていると考えられます。

もう一つは、アメリカにおける人口統計学上の変化です。1988年に連邦労働省は、『2000年の機会：労働力の変化に対応したイノベーティブなアファーマティブ・アクション戦略』という書物を発行しました。企業には学歴や技術にすぐれた人びとが必要となるにもかかわらず、それが不足していくだけでなく、新たに労働市場に参入してくる人びととの圧倒的多数がマイノリティや女性、移民、中高年者、障害者などであり、従来の若い白人男性を中心にした採用は限界がある、と指摘したのです。

換言すれば、グローバル化が進む今日、企業が競争力を維持し、発展していくうえで不可欠となる有能な人材の獲得は、今後困難となり、マイノリティや女性をはじめとした十分活用されていない人びとを積極的に開発していくことが社会的にも経営的にも求められている、ということです。そのための手段が「イノベーティブなアファーマティブ・アクション」であり、『2000年の機会』には、すでに実施されている、さまざまな企業の取り組みが数多く紹介されています。

2　外国人からLGBTまで：日本社会のダイバーシティ化

アメリカの国技は、野球です。その頂点、メジャーリーグは、イチローやダルビッシュによって、日本の人びとにも身近な存在になってきました。このメジャーリーグにはじめて加わった日本人は、南海ホークス（現在の福岡ソフトバンク・ホークス）出身の村上雅則です。1964年にサンフランシスコ・ジャイアンツに入り、同年、9試合に登板し、1勝1セーブ、防御率1.80の好成績を収めました。その後、1995年の野茂英雄、2000年の佐々木主浩、2001年のイチローと相次いで、メジャーリーグ入りをはたす日本人選手が登場していることは、皆さんもご存じでしょう。

日本の国技は、相撲です。日本相撲協会によれば、古事記や日本書紀のなかに

ある力くらべの神話や、宿禰(すくね)・蹶速(けはや)の天覧勝負の伝説が起源です。相撲界でメジャーリーグにあたるのは、大相撲ですが、ここで幕内に入った最初の外国人は、1944年に入幕したアメリカ・コロラド州出身の日系2世、豊錦（出羽海）でした。戦後、高見山、小錦などが活躍し、1993年には曙が外国人としてはじめて横綱に昇進しました。2017年3月に、19年ぶりの日本人横綱の誕生が関心を呼んだように、モンゴル出身者を中心に、外国勢が上位を独占する状態が続いています。

このように、スポーツの世界では、日本から海外へ、海外から日本へという、二つの大きな流れが、巨大なうねりのようになっているといってよいでしょう。しかし、毎日の生活で、外国籍の人と親しくしているかと問われれば、「イエス」という答えはあまり聞こえてこないかもしれません。では、日本にいる私たちの多くにとって、ダイバーシティは、別世界のことなのでしょうか。人種や民族以外の人びとも含め、日本社会のダイバーシティ化の状況について、統計数字なども用いながら考えていきたいと思います。

❖ 急増する訪日外国人と日本人の「内向き志向」

この章の最初に、海外からの観光客が「京の台所、錦市場」に溢れていることを紹介しました。同様の光景は、各地の観光地でも見られます。このため、「どこへ行っても外国人の姿が目につく」という状態を実感している皆さんが少なくないと思いますが、実際、どのくらいの人が海外から日本にやってきているのかと聞かれると、「さて……」という人が大半なのではないでしょうか。

国土交通省観光局のデータ(6)によると、2003年に日本を訪れた外国人は521万人でした。500万人といわれてもピンとこないかもしれません。都道府県の人口総数で現在、日本第3位の大阪市の人口が約270万人、第4位の名古屋市が230万人なので、これら二つの大都市を合わせた数以上の人が日本にやってきたことになります。

訪日外国人の数は、その後、急激に増加していきます。4年後の2007年には835万人と、毎年100万人近い増え方になりました。しかし、その後、頭打ちになり、2012年には836万人と、5年前とほぼ同じ状態でした。ところが2013年以降、爆発的ともいえる増加傾向が生じています。2013年に1036万人とはじめて1000万人の大台を突破しました。2014年は1341万人、2015年には1974万人と、2000万人台が目前になりました。さらに、2016年には2404万人、2017年には2869万人へと急増しました。

一方、日本から海外にはどれだけの人が出ていっているのでしょうか。2003

年に1330万人でしたが、その後、増減を繰り返し、2012年には1849万人に達しました。しかし、訪日外国人が急増したのと対照的に、海外に渡航する人の数は、減少を続け、2015年には1621万人と、2009年の1545万人以来の低い水準に落ち込んでいます。グローバル化が進むなかで、海外に旅行や商用、勉学などのために渡航する人は増えていいはずです。にもかかわらず、海外渡航者は減少しています。

この状態を「内向き志向」と呼ぶことがあります。イギリスの欧州連合（EU）離脱やアメリカのトランプ政権の環太平洋パートナーシップ協定（TPP）への不参加などの国際的な大きな出来事にも、この「内向き志向」ということばが使われます。ここでは、特に若者の間で海外に挑戦する意欲がない状態を意味して用いられることを指しています。

では、実際に、日本の若者は「内向き志向」になっているのでしょうか。文部科学省などのデータによると、海外留学者数は、2010年には5万8060人と前年の5万9923人と比較して3.2%減少しました。ピークである2004年の8万2945人と比べると、実に30%も落ち込んだことになります。特に、アメリカに留学する人の数が減っていて、1990年代半ばには5万人近かったものが、2009年には2万5000人を割り込み、半減状態になっています。

一方、海外から日本の大学や大学院、専修学校などに留学する外国人は、大幅に増えています。日本学生支援機構によると、1999年の高等教育機関に在籍する留学生の数は、過去最高の5万5755人でした。2003年には10万9508人と、10万人の大台をはじめて突破しました。その後は、2013年に13万5519人と、増減を繰り返しながら、緩やかな伸びにとどまっていました。しかし、2015年に15万2062人、2016年には17万1122人、2018年は18万8384人にのぼっています。

若者をはじめとした日本人の「内向き志向」の原因については、さまざまな議論が行なわれています。海外からの渡航者が増えていることは、国内のダイバーシティ化が進んでいることを意味します。その一方で、海外に出ていく人が減っていることは、海外の文化を理解した人材の不足を予感させるもので、ダイバーシティ化する社会にとってネガティブな影響を及ぼすおそれがあります。

❖ 在留外国人と海外在留邦人の動向

「観光や商用で渡航する人は、数日から長くても数か月で帰国するでしょう。だとすれば、いくら人数が増えたからといっても、日本社会がダイバーシティ化

表 2-1　在留外国人の変化

	永住者	日本人の配偶者等	永住者の配偶者等	定住者	特別永住者	小計	在留外国人合計
2006 年	394,477	260,955	12,897	268,836	443,044	1,380,209	2,084,919
2016 年	727,111	139,327	30,972	168,830	338,950	1,405,190	2,382,822

（出所）　法務省の在留外国人統計より筆者が作成

に向かっているというのは，いい過ぎのように思います」。
　こんな声が聞こえてきそうな気がします。たしかに観光や商用で短期間滞在する人と留学や就労，結婚などで長く住む人は，区別して考える必要があります。しかし，留学や就労のきっかけが，旅行だった，という人もいるでしょう。さらに，留学後，帰国するつもりだったが，卒業したら働く機会があったので仕事を続けているうちに，結婚，出産となり，いつのまにか定住するようになっていた，というようなケースは決して少なくありません。このように，短期的な滞在者は，中長期的な滞在者，さらには永住者の予備軍ということもできるのです。
　とはいえ，短期滞在者と中長期の滞在者及び永住者は，区別して扱われています。法務省の在留外国人統計によると，2006 年の在留外国人は 208 万 4919 人でした。2017 年には，この数が 256 万 1848 人に増加しています。なお，ここでいう在留外国人とは，日本国籍をもっていない人で，3 か月以上の在留期間の在留資格をもっている人のことです。留学生や大学や企業で働いている人の他，親族を訪問している人も含まれています。
　この 200 万人余りのなかには，在日朝鮮人・韓国人・台湾人とその子孫からなるいわゆる特別永住者や一般の永住者，日本国籍をもつ人や永住者の配偶者なども含まれています。その数は，表 2-1 に示したように，2006 年に約 138 万 209 人，2016 年には 140 万 5190 人に及んでいます。量的に見ると，やや増えているものの，中長期の滞在者及び永住者全体の伸びと比べると，かなり小さなものといえるでしょう。しかし，特別定住者が 10 万人以上減っているのに対して，一般の永住者は 30 万人余り増えています。このことは，在留外国人のなかでダイバーシティ化が進んでいることを示しています。
　とはいえ，こうした数字を示すと，「なんだ，やはり日本社会のダイバーシティ化はほど遠い現象ですよね」といわれそうです。しかし，みずほ総合研究所は，2017 年 7 月 21 日付の「リサーチ Today」に，「東京の外国人住民比率約 4%，日本はすでに移民国家」というタイトルのレポートを掲載しました。2017 年に

日本の人口が16万人減少したことに注目したものですが、少子高齢化の問題を指摘したわけではありません。日本人の人口が31万人減少した半面、外国人の人口が15万人増え、結果として16万人の減少にとどまった、ということです。

みずほ総合研究所のレポートの指摘は、外国人の人口が毎年30万人増えれば、日本の人口減少は抑制できるというユニークなものです。もちろん計算上のことにすぎませんが、仮にそのとおりになれば、30年余りのうちに外国人の人口が1000万人も増えることになります。これには、外国人同士あるいは外国人と日本人の結婚による子どもの数は含まれていません。

後述するように、政府は、海外からの留学生や労働者、移民を増やすことを計画しています。経済界からも、その必要性が指摘されるようになってきました。在留外国人のダイバーシティ化やみずほ総合研究所のレポートにあるような外国人の流入が継続的に進めば、いまから30年後に皆さんが50代になる頃には、職場や自宅の周りには外国人がごく普通に見られるという光景が生まれていることは、決してありえない話ではないのです。

❖ 戦後、大きく進んだ女性の社会進出

1では、アメリカにおいて、アファーマティブ・アクションの影響もあり、女性がさまざまな職種において、トップのポジションも含め、積極的に活躍するようになったことを紹介しました。では、アメリカと同じように、人口の半数を占める女性に関して、日本では、戦後、どのような状況だったのでしょうか。そして、それが現在、どのようになっているのでしょうか。

表2-2をご覧いただくと、戦後の男女の就業率の変化を見ることができます。ここから明らかなように、男性は、女性より高い割合で就労しています。しかし、男女の就業率の差は、かなり縮小してきたことも事実です。

1955年に、二人のうち一人の女性が就労していたという数字に、驚きをもつ人もいるかもしれません。しかも、この数字は1985年と2000年の数字を上回っているからです。ただし、1955年の女性の就労者の大半は、農業従事者です。当時の女性就労者の大半は、家族経営が中心の日本の農家で「妻」や「娘」あるいは「嫁」という立場を兼ねながら、農業に携わっていたということです。男女とも1970年から2000年まで、就業率が下がっているのは、高学歴化により労働市場への参入が遅くなったことなどが影響しています。

表2-2で注目していただきたいのは、1955年から1985年までは、男女の就業率の差が30ポイント以上あったにもかかわらず、2000年には25％を切り、2015

表 2-2　男女の就業率の変化

	1955 年	1970 年	1985 年	2000 年	2015 年
男性	83.3%	83.1%	77.3%	70.9%	81.8%
女性	49.9%	50.3%	46.4%	46.2%	64.6%

（注）　1955 年から 2000 年までは 15 歳以上，2015 年は 15 歳から 64 歳までが対象。
（出所）　前田尚子「戦後日本における産業化の多系的展開と女性就業」及び「平成 28 年版男女共同参画白書」から筆者が作成

年には 15％程度と急激にその差が縮小していることです。これは，男性の就業率の低下と女性の増加という二つの動きから生じたものです。ここでは，その動きがなぜ生じたのか説明する余裕はありませんが，男性も女性も大半の人が就業しているという状態が一般化してきたといえるでしょう。

　とはいえ，女性の就労者というと，「一時的な腰掛」，あるいは「男性の下働き」というイメージが強いことも事実です。「一時的な腰掛」というのは，高校や大学を卒業したのち，結婚または出産まで勤め，その後退職するというパターンを示すいい方です。なお，こうして退職した女性の多くは，子育てがひと段落すると，また仕事をはじめます。このため，女性の就労率を年齢別で見ると，若年層では男性同様に高いのですが，30 代になると低下し，40 代以降また高まるという傾向がありました。これを「M 字カーブ」といいます。しかし，最近では，「M」のへこみの部分が徐々に上にあがってきています。

　では，「男性の下働き」というイメージは，どうなのでしょうか。男女共同参画白書（平成 25 年版）(11)によると，民間企業の係長相当で，女性の割合は 1989 年には 4.6％にすぎなかったのですが，2011 年には 15.3％に増えています。課長相当についても，同じ期間に 2.0％から 8.1％，部長相当についても 1.3％から 5.1％へと増加しました。2012 年になると，いずれの割合も減少しているのですが，傾向としては女性管理職の増加は続いていて，「男性の下働き」というイメージも，徐々に崩れつつあるといえるでしょう。

❖ 障害者の就労や地域生活の進展

　「2020 年東京オリンピック・パラリンピック」ということばをよく耳にします。1896 年に第 1 回目の近代オリンピック（夏季）が開催されたのに対して，パラリンピックがはじめて行なわれたのは，1960 年。東京大会の一つ前のローマを会場としたものでした。それ以降，パラリンピックは，オリンピックとともに 4 年に一度同じ都市で開催されています。オリンピックに比べれば，規

表 2-3　障害者数（推計）

	総数	在宅	施設
身体障害者・児	393万7000人	386万4000人	7万3000人
知的障害者・児	74万1000人	62万2000人	11万9000人
精神障害者・児	392万4000人	361万1000人	31万3000人
合計	860万2000人	809万7000人	50万5000人

（出所）平成28年版障害者白書

模や注目度が低いとはいえ，二つのイベントは並列されるようになったことに示されるように，パラリンピックへの認知は着実に広がってきているといえるでしょう。

　パラリンピックは，障害者の国際的なスポーツ・イベントです。参加する障害者は，身体障害だけでなく，精神や知的の障害をもつ人も含まれています。ややもすると，障害者とひとくくりにしてしまいがちですが，障害の種類により，この三つに区分されます。では，これらの障害者は，全国にどのくらいいるのでしょうか。そして，そのうちどのくらいの人が働いているのでしょうか。パラリンピックは知っていても，障害者についてはわからない人が多いのではないかと思われるので，以下，具体的な数字を紹介しましょう。

　平成28年版障害者白書によると，身体障害者は393万7000人，知的障害者は74万1000人，精神障害者は392万4000人です。これらの障害者を合わせると，860万2000人と，日本の人口の6％程度に相当します。文部科学省のデータによると，2014年の大学生と大学院生の数は285万5529人です。その3倍近い数の障害者がいることに驚かれるのではないでしょうか。「学生の友達はたくさんいるけれど，障害者の知り合いは一人もいない」という人が多いのではないかと思われるからです。

　表2-3からわかるように，障害者の大半は在宅です。ということは，皆さんと同じように自宅やアパートなどに住んで生活しているのです。だとすれば，働いている人も多いのでは，と思われるかもしれません。しかし，厚生労働省のデータによれば，民間企業で働いている障害者の数は，2001年の25万3000人から2015年には45万3000人に増えたものの，障害者全体の1割にも届きません。

　では，在宅で就労していない障害者は，どのように生活しているのでしょうか。自宅やアパートで，いわゆる訪問サービスを利用している人が多く，またグルー

プホームと自宅やアパートを行き来しながら生活している人も少なくありません。さらに、各種の就労支援事業に参加している障害者も増えています。

　施設入所の障害者に対しても、政府は、地域での生活に移行するための支援策を進めています。しかし、まだ、障害者が民間企業で働いたり、地域の人びとと交わりながら生活することは少ないのが現状です。とはいえ、就労や地域生活に関する障害者をめぐる最近の取り組みを見ると、職場や地域で障害者と健常者が「共に生きる」状態になる日がくるのは、そう遠くないかもしれません。

❖ 顕在化するLGBTと広がる認知

　テレビや映画でお馴染みの有名人のなかにも「LGBT」を公表する人が増えてきました。

　「LGBT」とは以下の4つの用語の頭文字からとったことばです。

　Lはレズビアン（女性の同性愛者）、Gはゲイ（男性の同性愛者）、Bはバイセクシュアル（男性も女性も愛情の対象とする人）、Tはトランスジェンダー（性同一性障害など）です。異性愛者が多数を占めるという前提から、性的マイノリティと呼ばれることもあります。皆さんは「テレビのなかの世界のことで、自分の身近にはいないし、関係ない」、と思っているのではないでしょうか。

　しかし、最近、LGBTに対する関心が高まっています。例えば、大手の企業では、外資系のスターバックス・コーヒーや日本アイ・ビー・エムがLGBTの社員が働きやすい環境づくりを進めていることで知られています。LGBTの就職活動を支援している、特定非営利活動法人（NPO法人）ReBitは、「企業とLGBTがともに「自分らしくはたらく」を考える1日」として、Rainbow Crossing Tokyoという就職イベントを開催しています。このイベントには、NEC、資生堂、ソニー、日本航空、NTTなど、日本を代表する大手企業が参加しています。

　LGBTの権利保障の動きは、雇用だけでなく、個人の生活にも及んでいます。アメリカをはじめ、同性同士の結婚を法律上も認めている国は、2017年現在、20か国を超えています。日本でも、渋谷区の「同性パートナーシップ条例」のように、自治体レベルで、異性間が結婚した場合と同様の権利を同性愛のカップルに保証する制度が制定されるようになってきました。LGBTを人びとの性的指向の一部であり、社会的に認知していくべきだという認識が広がっているといえるでしょう。

　では、日本社会にLGBTは、どの程度存在し、どのような状態にあるのでしょうか。2012年と2015年、広告会社の最大手、電通のダイバーシティ対応専門組

織のダイバーシティ・ラボは、LGBTに関する調査結果を発表しました。2015年の調査によると、日本人の7.6%が性的マイノリティだということでした。その内訳は、レズビアンが0.5%、ゲイが0.9%、バイセクシュアルが1.9%、トランスジェンダーが0.7%、その他が3.8%です。なお、その他には、性的指向が不明確な人（Xジェンダー）などが含まれています。

日本の人口に占める割合が7.6%と聞くと、「結構いるんだな」と思われるでしょう。それもそのはず、日本では、AB型の血液の人や左利きの人とほぼ同じ割合なのです。LGBTの多くは、自ら公表しなければ、他人にはLGBTとわからないことが多いといえます。自ら公表することをカミングアウトといいますが、社会全体でLBGTへの受容性が高まれば、カミングアウトする人も増えていくでしょう。そうなれば、LGBTの顕在化はいっそう進んでいくことになるでしょう。

✤ 宗教や文化の多様性が求められる社会の動き

世界情勢にあまり関心がない人でも、アルカイダやイスラム国（ISまたはISIS）などの、いわゆるイスラム過激派について耳にしたことがあるでしょう。アメリカでは、妊娠中絶に対して、キリスト教の右派は、激しく非難、中絶手術を施しているクリニックを襲撃したり、医師を殺害するなどの事件も起きています。宗教が平和のためではなく、争いの道具に化している状況が世界中に少なくない、ということです。

一方、日本では、宗教への関心が低いといわれています。例えば、データは少し古いですが、NHK放送文化研究所が2008年に実施した宗教に関する意識や行動についても尋ねた生活意識調査によると、「宗教を信仰している」人が39%に対して、「宗教を信仰していない」人は49%でした。しかし、宗教的な行動では、「墓参り」や「初もうで」を「よくする」という人が半数を超え、「したことがある」を加えると9割程度の人が行なっていることがわかりました。「お守りやおふだをもらう」や「おみくじをひく」については、二人に一人が「したことがある」と答えています。

この数字を見て、「そんなに多くの人が宗教を信じているのかな」と疑問に感じられるかもしれません。宗教と社会学会と國學院大學日本文化研究所が合同で実施している「学生宗教意識調査」によると、2015年に「信仰をもっている」と回答した学生は、10.2%にすぎませんでした。しかも、宗教系の大学に通っている学生の間でも12.9%と8人に一人にすぎないのです。しかし、今年の初詣や

去年の墓参りについて聞かれると，半数以上が「行った」と答えています。

このように，日本では，多くの人が，宗教について信仰の対象としてではなく，文化として受容しているように見えます。そのことは，イスラム過激派やアメリカのキリスト教ほど極端ではないにせよ，宗教を重視する内外の人びととの間で軋轢（あつれき）を生む可能性をもたらします。とはいえ，文化庁の宗教年鑑によると，2015年末現在，国内については，キリスト教の信者は192万人余りにすぎません。前述の法務省の在留外国人統計によると，イスラム教徒が多数を占めるインドネシア，バングラディシュ，パキスタン，エジプトの4か国出身の在留外国人は，6万1200人にとどまります。

しかし，「観光立国」をめざす日本としては，海外からの旅行者も無視するわけにはいきません。イスラム教徒が多数を占めるインドネシアとマレーシアからだけでも，2016年に訪日した人は，76万人にのぼっているからです。そういえば，京都の錦小路をはじめとした各地の観光地で，ヒジャーブと呼ばれるスカーフを被った女性の姿が数多く見られるのではないでしょうか。

かつて日本では，仏教の影響で，牛や豚などの動物の肉は食しませんでした。イスラム教徒は，ハラルフードと呼ばれるイスラムの方式に従って屠畜（とちく）された動物の食肉，あるいはその派生物以外は食べることができません。ちなみに，「ハラル」とは，「許されている」という意味で，反意語は「ハラム」すなわち「禁止されている」ことをいいます。このため，イスラム教徒を受け入れている外食産業などの関係者を対象に，ハラル研修会が各地で開催されるようになってきました。

宗教上の理由とは限りませんが，食事に関しては注意が必要な人びとに，ベジタリアンがいます。菜食主義と訳されますが，インドでは4割，アメリカでも14％の人がベジタリアンといわれています。ただし，ベジタリアンといっても，宗教，道徳，健康などさまざまな理由に基づいているため，食さない肉や魚についても異なってきます。アメリカでは，ベジタリアン専門のレストランも数多く存在しますが，日本の外食産業でも，ベジタリアンを意識したメニュー開発の必要性が高まっていくでしょう。

3　排除から包摂へ：政府・企業の変化

多民族社会のアメリカに対して，単一民族を標榜してきた日本。この二つの国の間で，国家と民族のあり方について，厳しい対立が生じたことがありました。

いまから30年以上前，ある政治家が「日本は高学歴社会になって，相当インテリジェントなソサエティーになってきておる。アメリカよりはるかにそうだ。アメリカには，黒人とかプエルトリコとかメキシカンとかが相当おって，平均的に見たら非常にまだ低い」と述べたのです。

黒人やプエルトリコ人，メキシコ系アメリカ人に対する差別とも受け取れるこの発言に対して，アメリカの連邦議会のヒスパニック議員連盟は，発言の撤回を求める声明を発表。また，黒人議員連盟も，発言の真意をただす書簡に日本大使館に送りました。さらに，多くの抗議の声がワシントンの日本大使館に寄せられました。

事態を憂慮したその政治家は，当初の発言の二日後，「米国はアポロ計画や戦略防衛構想で大きな成果を上げているが，複合民族なので，教育などで手の届かないところもある。日本は単一民族だから手が届きやすいということだ。演説全体を読んでもらえばわかる。他国を誹謗したり，人種差別をしたわけではない」と釈明しました。

しかし，この発言が黒人やヒスパニック系だけでなく，白人を含めた多くのアメリカ人の怒りをさらに掻き立てることになったのです。「単一民族」の優位性を主張し，複合民族（多民族）社会を否定していると受け取られたためです。この「知的水準発言」は，議会からの抗議に加え，市民レベルでの日本製品のボイコットにも発展しました。結局，その政治家は再度，釈明を行ない，事態は徐々に沈静化していきました。皆さんのなかには，「でも，その政治家さんがいったこと，そんなにいけないの？」と感じた方もおられるのではないでしょうか。「単一民族社会」を当然のこととして受け入れてきた私たちが，「多民族社会」というダイバーシティをポジティブに見ることができるかどうか，という問題なのですが，意外に難しいのではないでしょうか。

あれから30年，前節で紹介したように，日本の社会は，ダイバーシティ化が進んでいます。日本の政府や企業は，徐々にこの変化に対応しようとしてきています。具体的には，1980年代の男女雇用機会均等から最近の安倍政権による一億総活躍社会などがあげられますが，以下，少数者の排除から包摂へと方向性を変えた政府や企業の政策などについて整理，検討していきます。

❖ 受け入れ拒否から受け入れに変わった外国人労働者政策

日本の敗戦で終わりを告げた第二次世界大戦の直後，海外には640万人もの日本人がいたといわれています。軍人と民間人がほぼ半々だったそうですが，その

大半が帰国したことで、戦後しばらくの間、労働力が過剰でした。1955年から高度成長時代に突入しても、いわゆる集団就職や出稼ぎによる農村から都会への労働力の供給により、海外から労働者を求めるという考えは、ほとんどありませんでした。日本の雇用政策は、雇用対策基本計画に沿って決められてきました。1967年に第1次基本計画が閣議決定され、76年には第3次の計画が閣議決定されました。しかし、この閣議決定の時点でも、「外国人労働者の受け入れは行なわない」旨が口頭で了解されていました。

　外国人労働者の受け入れ拒否の時代が終わりを告げたのは、1980年代の半ばのことです。円高ドル安が進み、バブル経済が発生した頃です。1982年に3万人余りだった新規に入国した外国人労働者は、87年には7万人弱に急増しました。さらに、1990年に出入国管理法が改正され、3世までの日系ブラジル人とその家族を無制限に受け入れることが認められると、多数の日系ブラジル人が日本へ出稼ぎに来るようになりました。出稼ぎにきた日系ブラジル人とその家族の大半は、ブルーカラーの労働者で、専門職や技術職の者は少ないこともあり、群馬県太田市や大泉町、静岡県浜松市などの工場地帯で、夜勤など日本人労働者が嫌った仕事を引き受ける形で増加していきました。日系ブラジル人は、2年契約だったのですが、日本定住を望み、永住権、やがては日本国籍を取得した人も少なくありません。日本に移住したブラジル人は日本に定住し続け、約35万人以上、法務省入管局によると、2017年末のブラジル出身の中長期在留者は、19万1362人にのぼっています。

　1995年に閣議決定された第8次雇用対策基本計画は、専門的・技術的分野の労働者については、可能な限り受け入れることを表明。また、2000年の第2次出入国管理基本計画では、「日本人と外国人が心地よく共生する社会の実現を目指して行く」ことがうたわれました。さらに、2005年に策定された第3次出入国管理基本計画は、「専門的、技術的分野に該当するとは評価されていない分野における外国人労働者の受け入れについて着実に検討していく」として、非熟練労働も外国人労働者に開放していくことになりました。

　その後も外国人労働者は増加を続け、厚生労働省の発表によると、2016年10月末時点で、108万人余りと、前年同期と比べて19％増えました。増加は4年連続で、伸び幅も過去最高で、外国人を雇用する事業所数も14％増の17万を超えました。高度人材などの「専門的・技術的分野」が前年同期比20％増の20万人を突破し、技能実習や留学も2割を超えました。

　こうした状況を反映して、2017年、政府は働き方改革実現会議で外国人材の

受け入れについて議論し，外国人労働者は日本の労働市場に明確に位置づけられるようになってきています。経済界からは，2016年11月に日本経済団体連合会（経団連）が「外国人材受入促進に向けた基本的考え方」を発表。高学歴・専門家を中心にした「高度人材」に加えて，建設業などの「社会基盤人材」さらには介護労働者をはじめとした「生活基盤人材」の受け入れの必要性を指摘するとともに，多文化共生社会づくりを企業も含めて進めていく必要性を指摘しています。

❖ 母性保護から男女平等，そして女性活躍推進へ

　雇う人と雇われる人は対等であるべきだといっても，現実には，雇うほうが有利で，雇われる人は，不利な条件で働くことを余儀なくされることが少なくありません。このため設けられているのが，労働者保護法です。雇われる人が適切な労働条件や労働環境で働くことを保障するための法律です。世界的に見ると，1802年にイギリスで制定された工場法が最初で，アメリカでは，1935年の公正労働基準法が，これに相当します。

　日本では，戦後のいわゆる民主化のなかで成立した労働基準法が，最も重要な労働者保護法です。1947年に成立したこの法律において，女性は，保護の対象として位置づけられてきました。女性の労働者に対する残業や深夜労働，危険有害業務の規制や禁止などが，それです。こうしたいわゆる「母性保護」に対しては，女性労働者の健康や安全にとって必要と考えられる一方，規制や禁止の対象となる業務につくことができないため，女性の働く権利を侵害するという批判も存在しました。

　1960年代から70年代にかけて，男女平等を求める動きが世界的に広がってきました。例えば，1964年にアメリカで成立した公民権法は，第7編で雇用における人種や性別に基づく差別を禁止しました。日本でも1985年に，男女雇用機会均等法（以下，均等法）が制定され，募集，採用，配置，昇進において女性を男性と均等に扱うことが「努力義務」として雇用者に課せられました。また，均等法の成立とともに，労働基準法などが改正され，従来の「母性保護」が撤廃ないしは制約されることになりました。

　均等法は，雇用における男女平等を法的に定めたものの，「努力義務」にとどまる点が批判にさらされました。「努力義務」とは，結局，やってもやらなくてもいいこととみなされたためです。このため，何度か改正が行なわれました。まず，1997年に「努力義務」規定が解消されるとともに，事業者に対してセクシュアル・ハラスメントの防止の義務化や男女差別を解消するためのポジティブ・ア

クションの採用や違反偉業の企業名の公表が決まりました。2007年には、禁止される差別の対象が女性だけでなく男性にも拡大されたうえ、間接差別や妊娠・出産を理由にした不利益な扱いが禁止されるなどとしました。

職場で男女平等が定められても、家庭での出産や子育て、介護などでは、まだまだ女性の負担が大きいのが現実です。この事態を放置しておけば、雇用における女性の進出も進みません。こうした懸念から制定されたのが、育児休業、介護休業等育児又は家族介護を行う労働者の福祉に関する法律（以下、育児・介護休業法）です。1991年に制定され、その後、何度か改正されています。2017年10月から施行されている現行法では、育児休業の期間が、最長で子が2歳になるまで（従来は1歳半まで）取得が可能になりました。介護休業についても、対象家族一人につき、通算93日まで3回を上限として分割取得が可能になりました。従来は、分割取得ができなかったのですが、改善されました。

均等法や育児・介護休業法の対象は、女性だけではありません。育児休業を含め、男性の労働者も対象になります。「（出産しない）男性に育児休業が必要なの？」と思われるかもしれません。しかし、出産や育児は、女性だけに負わせるべきではない、という考えに基づいて制定されました。育児休業を取得した場合、一定の条件を満たしていると、育児休業給付金という休業中の所得補償を行なう制度があります。男性も、この制度を受けることができるのです。現在、男性の育児休業取得率はわずか2％程度にすぎませんが、希望者は3人に一人といわれています。近い将来、男性もごく普通に育児休業を取得するようになっているかもしれません。

男女平等は、職場だけで問われることではありません。社会全体が考え、取り組むべき課題です。このような考えから、政府は、1999年に男女共同参画社会基本法（以下、基本法）を制定しました。基本法の理念を実現するため、「男女共同参画基本計画」（以下、基本計画）が策定されていますが、直近では2015年に第4次の基本計画が閣議で決定されました。ここでは、詳細は述べませんが、職場に加え、女性の健康や暴力の廃絶、さらにはメディアや国際協力における男女の参画の促進などもうたっています。

そして、ご存知のように、2012年12月に第2次安倍内閣が発足して以降、女性の活躍推進に関する政策が大きな関心を集めるようになってきました。2015年には、「女性の職業生活における活躍の推進に関する法律」（女性活躍推進法）が制定され、翌年4月から、女性活躍推進のための一般事業主行動計画の策定、厚生労働省への届出、従業員への周知・公表、さらには女性の職業選択に資する情

報の定期的な公表が，企業に義務づけられました。前述のアメリカのアファーマティブ・アクションに似た制度で，日本でも女性の積極的な採用や登用に本腰が入れられるようになったといえるでしょう。

❖ ワーク・ライフ・バランスへの関心の高まり

　女性の活躍推進の政策とともに関心が高まっているものに，ワーク・ライフ・バランスがあります。このため，ワーク・ライフ・バランスというと，ごく最近用いられるようになったと思っている人が少なくありません。しかし，かなり以前からいわれてきたものなのです。また，「仕事だけでも大変なのに，家事や育児までやらされるのか」といった，主に男性からの疑問とも懸念とも考えられる反応が出てくるともいわれています。これらは，ワーク・ライフ・バランスが正しく認識されていないためです。では，ワーク・ライフ・バランスは，どのような内容で，ダイバーシティとの関係で，どのような意味をもっているのでしょうか。

　皆さんは，ワーク・ライフ・バランスについて，女性の出産，育児，働き方を支援するためのものと考えているのではないでしょうか。日本ではもともと，1990年代に少子化対策として，育児休業制度の整備や保育所の拡充などの政策とともに進められたことが影響している面もあるでしょう。しかし，少子化の流れは止まらず，2003年には，少子化社会対策基本法と次世代育成支援対策促進法（次世代法）という二つの法律が制定されました。

　次世代法は，事業主に対して，従業員の仕事と家庭の両立等に関し，行動計画策定指針に即して，目標，目標達成のために事業主が講じる措置の内容等を記載した行動計画を策定することを求めています。ここでいう行動計画策定指針とは，家庭その他の場において，子育ての意義についての理解が深められるとともに，子育てに伴う喜びが実感されるように配慮した支援策が必要という同法の理念に基づき，主務大臣が作成するものです。企業をはじめとした事業者は，この指針に基づき，出産や育児と仕事の両立を支援するための措置を作らなければならないということです。

　ワーク・ライフ・バランスの背景には，少子化だけではなく，高齢化社会の進展もあります。「人生100年」といわれるようになったいま，親の高齢化に伴い，子の介護の必要性が大きくなってきています。親の介護が必要になっても安心して休めること，休職後に復職しても昇進などで不利益をこうむらないことなどは，女性だけでなく，男性にとっても重要な関心事になってきています。

このように、ワーク・ライフ・バランスとは、女性だけでなく、男性にも大きな影響を与える政策なのです。とはいえ、最初に述べた「仕事だけでも大変なのに、家事や育児までやらされるのか」という声も聞こえてきそうです。しかし、ワーク・ライフ、すなわち仕事と生活は、互いに相反するものではありません。生活が充実すれば、仕事がはかどり、順調に進んでいくでしょう。仕事が上手くいけば、嫌な気持ちで帰宅しないですむので、自然に私生活にも潤いが出てくるのではないでしょうか。

実際、政府の狙いもここにあるのです。ワーク・ライフ・バランスは、「働き方改革」との関連でも議論されています。政府は、「働く人の視点に立った働き方改革の意義（基本的考え）[17]」のなかで、日本の労働制度と働き方にある課題の一つとして、「転職が不利にならない柔軟な労働市場や企業慣行を確立すれば、自分に合った働き方を選択して自らキャリアを設計」することが可能になるとともに、「付加価値の高い産業への転職、再就職を通じて国全体の生産性の向上にも寄与」すると述べています。

とはいえ、ワーク・ライフ・バランスを少子化や高齢化、生産性の向上などだけのために考えていくと、あまりポジティブな印象は出てきません。私たちのキャリアの全体像を見ると、年代・場面に応じてさまざまな役割や活動があります。そのなかに、「住民」という役割も存在しています。隣近所のさまざまな課題に対応するための自治会やNPOなどでのボランティア活動や子育てに関連したPTA活動などが、その一例です。

皆さんは、子どもの頃、学校から帰ると、近所の友達と遊ぶことが日課になっていなかったでしょうか。塾や習い事に時間が割かれる子ども時代だったかもしれませんが、そうした経験がゼロという人は少ないと思います。学生から社会人になると、家は寝るためだけの場所になってしまうのでは、豊かな人生とはいえません。家庭の延長には地域があり、近所付き合いがある、それが普通になっていくためという視点からも、ワーク・ライフ・バランスは意味あることだと考えていただければと思います。

❖ 障害者の社会参加と合理的配慮

電車に乗っているときや、スーパーでの買い物中、あるいはレストランで食事をしている際に、大きな犬が入ってきて驚いた、という経験をしたことはないでしょうか。よく見ると、白い杖をもった人がハーネスをもっていた。「ああ、視覚障害の人の盲導犬なのか」とわかって、一安心という感じです。また、車椅子

に乗っている人を見かけることも珍しくなくなってきています。

　これらは，いずれも障害者の社会参加が広がってきていることを示しています。とはいえ，障害者は，これらの例にあるように，「見てわかる」人たちだけではありません。前述のように，障害の種類は，身体の他に，知的と精神がありますが，後の二つについては，見ただけではわかりません。なお，身体障害のなかには，聴覚障害のように外見だけでは判断できない人もいます。しかし，障害者の社会参加が進みつつある今日，さまざまな障害をもつ人びととどう接するか，考え，適切に行動することが求められているといえるでしょう。

　学生の皆さんにとって，家族や親戚(しんせき)，近所に親しい障害者がいるのでなければ，最も身近な障害者は，学校教育のなかで接した人びとではないでしょうか。現在，文部科学省は，幼稚園から小・中学校，高等学校，特別支援学校等のすべての学校において，発達障害を含む障害のある幼児児童生徒への支援体制を整備しています。皆さんが在籍した学校でも，こうした支援体制を受けて通学している障害者がいたかもしれません。

　専門学校や短期大学，大学などを卒業して働きはじめると，職場で障害者と出会う機会が増えてきます。また，仕事の取引先の相手が障害者，というケースに直面することもあるでしょう。障害者雇用促進法という法律により，従業員の一定の割合を障害者から雇うことが求められているからです。

　民間企業の障害者の法定雇用率は2.0％から，2018年4月に2.2％に引き上げられました。わずか0.2％の増加にすぎませんが，これまで2％だったので，50人未満の従業員の企業は事実上対象外でしたが，この人数が45.5人未満に変わります。中小企業で障害者雇用が義務化されるところが増えるということです。また，これまで法律は，身体障害と知的障害をもつ人だけが対象でしたが，今後は精神障害者も対象に含まれてくることになりました。なお，精神障害には，ADHD（注意欠陥多動性障害）や発達障害も含まれます。

　こうした雇用率の増加や対象となる障害の種類に加えて，企業には，「合理的配慮」の提供が義務化されるようになります。「合理的配慮」とは，アメリカの公民権法第7編で雇用差別を禁止するための措置の一つとして導入されていたもので，差別につながる課題を取り除くことを求めることをいいます。公民権法第7編では，宗教を理由にした差別に対して用いられています。その後，障害者差別を禁止する法律が制定され，障害者雇用にも適用されるようになっています。宗教差別に関していえば，代表的なものに，イスラム教徒が1日5回行なう，サラートと呼ばれる礼拝の時間を保障することがあります。

日本の障害者雇用促進法では，障害者が職場で働くにあたっての支障を改善するための措置を講じることとされています。具体的には，視覚障害者向けの採用試験において，問題用紙を点訳あるいは音訳などにすることや，試験の回答時間を延長することなどがあります。また，車椅子の従業員などのために，通勤時のラッシュアワーを避けた時間帯での勤務を認めることなども，改善措置の一つです。

　このように「合理的配慮」とは，差別を行なわないことにとどまらず，プラスアルファが求められるものといえます。障害者だから給料を下げたり，昇級をさせない，研修や実習を受けさせない，食堂や休憩室を利用させない。こうしたことであれば，許されない，と思われるでしょう。しかし，「合理的配慮」は，「優遇措置」のようにも見えるので，「共に働く仲間」の能力を最大限に発揮してもらうために必要な措置という意識を育んでいかないと，障害者への反発が潜在化していき，いつか暴発するような事態が起きかねないので，注意が必要でしょう。

❖ LGBTの人権とSOGIハラ

　日本社会は，同性愛に関して寛容といわれています。同性愛は違法とされていませんし，私たちが普段目にするテレビなどのメディアでも同性愛者がしばしば登場していることは，皆さんもご存じでしょう。しかし，このことは，日本で同性愛や同性愛者，あるいはLGBTに対して，偏見や差別がないことを意味しているわけではありませんでした。

　近年になり，政府や企業が相次いでLGBTに関して積極的な施策を打ち出すようになってきました。一例をあげると，KDDIは，2017年4月から，配偶者のいる社員が利用できる社内制度を，同性パートナーをもつ社員にもできるように社内規定を改めました。具体的には，結婚祝い金や育児休職などが，同性パートナーをもつ社員も受けることができるということです。なお，KDDIは，これ以前にもLGBTに関する政策を進めていて，本人が希望する姓で働けるようにワーキングネーム（職場で用いる便宜上の名前）やユニバーサルトイレを推奨するなどしてきました。

　なお，ユニバーサルトイレとは，多様な目的で利用できるトイレのことです。多目的トイレ，バリアフリートイレなどとも呼ばれていて，車椅子で利用しやすかったり，人工肛門を洗浄する設備が備えられていたり，開閉式のベビーベッドでおむつ替えがやりやすいなどの特徴があります。男女の別なく利用できるという意味では，LGBT向けでもあるといえます。ただし，英語でLGBT向けのトイ

レは，All Gender Bathroom または Gender Natural Bathroom などといわれることが多いようです。

　日本には，LGBTに限定して，差別的な行為などを禁止する法律はありません。しかし，2016年5月には，性的指向又は性自認を理由とする差別の解消等の推進に関する法律案（LGBT差別解消法案）が国会に提出されました。この法案は，まだ成立していませんが，厚生労働省は同年8月，ハラスメント対策の指針にLGBTを含めた改正を行ない，2017年1月から施行しています。また，人事院は，2017年から省庁でのセクシュアル・ハラスメント防止に関する規則の運用通知を改め，LGBTに関する偏見に基づく言動もハラスメントに該当すると明記しました。28万人にのぼる国家公務員の一般職に従事する人びとは，これに違反すれば，懲戒などの処分の対象になります。

　このように，LGBTの権利を擁護する政策や取り組みが進んできたことは事実です。しかし，LGBTへの差別や偏見がないのかといえば，そうではありません。SOGIハラということばが注目されるようになっていることは，その一例です。なお，SOGIハラとは，性的指向（Sexual Orientation）や性自認（Gender Identity）に関連して，差別的な言動や嫌がらせを受けることをいいます。また，望まない性別での学校生活や職場での異動や解雇などの不利益を被ることも含まれます。なお，SOGIハラの「ハラ」は，ハラスメント（嫌がらせ）の略で，セクハラ（セクシュアル・ハラスメント）やマタハラ（マタニティ・ハラスメント）と同様の用い方です。

　では，こうしたSOGIハラは，どの程度行なわれているのでしょうか。宝塚大学看護学部の日高研究室が2016年に実施したLGBTへの調査によると，小中学校にLGBTに関連していじめにあった経験がある人は約6割にのぼりました。また，NPO法人虹色ダイバーシティなどが2015年に行なった調査によると，就職や転職でセクシュアリティやパートナーに関連して困難を感じた人はLGBで40%，トランスジェンダーで69%と，非当事者の11%を大きく上回りました。

　SOGIハラの加害者の大半は，非当事者と推察されます。前述のように，特定の法律こそありませんが，さまざまな制度や政策，企業の独自の取り組みにより，SOGIハラは認められない行為であり，処罰の対象になることもある状況が生まれています。こうした危機管理的な意味も含め，LGBTと適切に向き合う意識をもち，行動することが，日本でも必要になってきているのです。

　ところで，これまでLGBTという表現を使ってきましたが，なんとなくわかりにくい，と感じている人も少なくないのではないでしょうか。LGBTを理解す

表 2-4　性的指向と性自認に基づく LGBT の分類

出生時の性	性自認	性的指向	LGBT の分類
男性	男性	女性	ストレート
		男性	G＝ゲイ
		男性＋女性	B：バイセクシュアル
	女性	男性	T：トランスジェンダー
女性	女性	男性	ストレート
		女性	L：レズビアン
		女性＋男性	B：バイセクシュアル
	男性	女性	T：トランスジェンダー

（出所）　各種の資料から筆者が作成

るには，SOGI に当たる，性的指向と性自認という二つの概念を用いると，わかりやすいと思います。そのような考えから，**表 2-4** に LGBT の分類を示してみました。ご参照ください。なお，「ストレート」とあるのは，異性愛者のことです。

4　ダイバーシティ社会への対応能力アップに向けて

　「なるほど，日本の社会のダイバーシティ化が進んできたことはわかりました。政府や企業も，この変化に対応していることも理解できるのですが，学生生活を送っている限りでは，こうした変化を実感することはほとんどありません。また，自分自身について考えても，他の人とあまり違いがないように感じています。どうやったら，ダイバーシティ化を身近に感じられるのでしょうか。さらに社会に出る前に，ダイバーシティな状況に備えておくにはどうしたらいいのでしょう」。
　これまでの説明を聞いて，このように感じた人もいるのではないでしょうか。すでに政府や企業が積極的に取り組んでいるということから推察できるように，就職すれば，職場でダイバーシティ・トレーニングが待ち受けている，といってもよいでしょう。個々の職場だけではありません。例えば，企業の経営力の向上を支援する公益法人，日本生産性本部は，「成長戦略としてのダイバーシティ・マネジメントを学ぶ」というスタンスで，「ダイバーシティ・マネジメント・カレッジ」という企業の管理職などを対象にした，トレーニング・プログラムを提供しています。

このように述べると,「なんだ,働きはじめてから考えたらいいのですね」と思われるかもしれません。しかし,証券会社志望であれば日々の株価の動きに注意を払っているでしょう。ジャーナリストを目指すなら,新聞やテレビの報道番組を見るようにしているでしょうし,アパレル業界で働きたいなら,ファッション誌などを購読して,流行に敏感になっていようとするのではないでしょうか。つまり,学生時代からの準備が大切ということです。

では,ダイバーシティ化する社会で働き,生活していくためには,どのような準備をしておけばいいのでしょうか。ここで注目してほしいのが,イントラパーソナル・ダイバーシティという考え方です。ダイバーシティというと,女性や外国人,障害者のように,デモグラフィ,すなわち人口統計学的な属性の幅を広げることをイメージしがちです。それはそれで重要ですが,イントラパーソナル,つまり個々人の内部の多様性に視点を据えることも必要なのです。

このイントラパーソナル・ダイバーシティを豊かにしていくには,どうしたらいいのでしょうか。本章の最後の節として,この点を提示したいと思います。とはいえ,急に「イントラパーソナル・ダイバーシティに向けて」では,これまでのダイバーシティ化が進む社会の説明とかなりかけ離れてしまいます。まず,皆さん一人ひとりについて,ダイバーシティという観点からどのような状態にあるのか,ワークを通じた自己診断からはじめていきましょう。

✣ デモグラフィ型に関する自己診断

「アメリカは,ダイバーシティな社会だ」といういい方に代表されるように,ダイバーシティというと,社会全体から考えがちです。もちろん,社会が完全に均一であれば,ダイバーシティは存在しませんし,考える必要もありません。しかし,現実には,多様な人びとによって構成されているので,社会全体からダイバーシティを考えるという発想が出ても当然です。本書の扱うキャリアは,仕事だけではありませんが,学生の皆さんの大半は,卒業後の重要な目標の一つが就職だと考えられるので,ここでは企業という組織のダイバーシティに焦点を当てて考えていきます。

組織のダイバーシティには,二つの種類があります。一つは,前述したデモグラフィに基づくものです。もう一つは,タスクに基づくダイバーシティです。前者についてはすでに説明したとおりです。では,後者は,どのようなダイバーシティを意味しているのでしょうか。

タスクに基づくダイバーシティとは,実務に必要となる能力や経験の多様性を

表 2-5 デモグラフィ型ダイバーシティの属性診断

	人種	性別	第一言語	出身地	宗教	年齢	兄弟姉妹	所得
赤	日本人	男性	日本語	都会	神道	18歳未満	兄弟姉妹	高額所得
青	アジア系	女性	英語	郊外	仏教	22歳未満	兄弟のみ	中所得
黄	白人	LGBT	手話	農村	その他	22歳以上	姉妹のみ	低所得
白	その他	その他	その他	その他	なし	その他	なし	その他

いいます。実務に必要な能力や経験といっても，画一的なものがあるわけではありません。それぞれの「実務」の内容によって異なってくるからです。例えば，「みかんを売る」ということが「実務」であれば，みかんの知識に加えて，流通や販売の経験をもつ人が求められるでしょう。また，「化粧品の製造販売」が「実務」であれば，製造のための材料についての知識や購入のルート，製造技術，消費者の嗜好やマーケティング手法などの理解が必須になると考えられます。

　まず，表2-5 を見てください。デモグラフィに基づく，8種類の属性が書かれています。それぞれご自身が該当する属性を選んでください。選んだ属性は，図2-1 の属性に対応する部分に，色で塗りわけてください。例えば，日本人で女性の場合は，図2-1 の人種民族が赤で，性別が青になります。なお，第一言語は，普段用いる言語のことです。出身地域は，生まれた場所または小さい頃に育った地域のことです。所得は，親または保護者の収入のことで，高額所得か中所得か，低所得かについては，主観的な判断でけっこうです。

　これは，授業やグループでのワークを想定したものです。図2-1 は，同じものを2枚作成して，1枚は自分がもち，もう1枚は，授業の指導教員やグループワークの担当者など（以下，指導教員）に渡してください。指導教員は，全員のものを集めた後，配布します。配布されたものと，自分の図を比較してください。同じ色が多いかもしれませんが，違いもわかるでしょう。そして，さらに別の人の図をもらって，比べてください。三者三様の違いがわかると思います。

　最後に，配布された図を指導教員に返却してください。指導教員は，全員の図を属性ごとに整理し，提示します。それを自分のものと比較してみてください。自分が皆と同じ属性のところもあれば，多くの人と同じ，あるいは自分が特別な属性をもっているところもあると思います。このように，デモグラフィに関して，人は皆違う，ということを確認してもらうのが，このワークの目的です。なお授業やグループワークではなく，自分で行なう場合には，友達など数人に表2-5に基づき，図2-1 に色を記入してもらい，それらを自分が行なった自己診断と

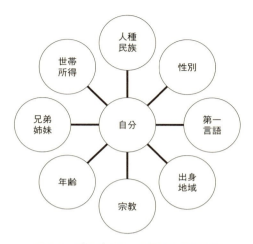

図 2-1　デモグラフィに関する自己診断

比較してみてください。同じように思っていた友達と違いがあることがわかるのではないでしょうか。

❖ タスク型に関する自己診断

　次にタスク型のダイバーシティに関する自己診断を行なってみましょう。やり方は，基本的にデモグラフィ型と同じです。しかし，皆さんは学生なので，「実務」についているわけではありません。したがって，「実務」につくことを想定したうえで考慮すべき能力などを提示するので，そこから適切なものを選んでもらうことになります。なお，タスクは「実務」の内容によって大きく異なります。したがって，ここで示すものは，一例にすぎないことを理解しておいてください

　先ほどと同じように，**表2-6**を見てください。タスクに関連して必要と考えられる8種類の能力などが書かれています。それぞれご自身が該当する能力などを選んでください。選んだ能力などは，**図2-2**の能力などに対応する部分に，色で塗りわけてください。例えば，専攻が法学や経済学のような社会科学系で計算力が「やや良い」場合は，**図2-2**の専攻が赤で，計算力が青になります。なお，語学力は，読み書き会話がある程度できることが前提です。「複数外国語」を選んだ人は，例えば英語と中国語の読み書きや会話が可能ということを意味します。「英語以外」は，ドイツ語だけ読み書き，会話ができるというような場合です。専攻以外は，主観的な判断でけっこうです。

第 2 章　「共に生きる」が求められる現代社会

表 2-6 タスク型ダイバーシティの能力などの診断

	専攻	計算力	思考力	記憶力	性格	語学力	指導力	創造力
赤	社会科学	良い	良い	良い	外交的	複数外国語	高い	高い
青	人文科学	やや良い	やや良い	やや良い	やや外交的	英語のみ	やや高い	やや高い
黄	自然科学	やや悪い	やや悪い	やや悪い	やや内向的	英語以外	やや低い	やや低い
白	その他	悪い	悪い	悪い	内向的	日本語のみ	低い	低い

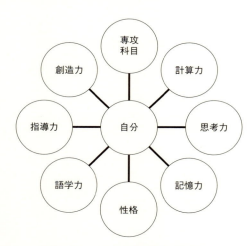

図 2-2　タスクに関する自己診断

　図 2-2 についても，図 2-1 で行なったものと同様に，表 2-6 に基づく診断結果を色別に示してください。ここでも，自分と他の人との違いがあることがわかるでしょう。

　最後に，配布された図を指導教員に返却してください。指導教員は，全員の図を専攻や能力ごとに整理し，提示します。それを自分のものと比較してみてください。自分が皆と同じような能力などをもっているところもあれば，多くの人と同じ，あるいは優れたり，劣ったりしている点があると思います。このように，タスク面においても，人は皆違う，ということを確認してもらうのが，このワークの目的ですが，デモグラフィ型に比べると，違いが大きいのではないでしょうか。

❖ 「実務」を想定したワークの実施

　以上二つのワークは、「自己診断」とあるように、ダイバーシティという視点から人の属性や仕事をするうえで必要となる能力などについて判断するためのものでした。そのおもな目的は、自分は皆と同じ、あるいは違うと主観的に思っていることと、現実のギャップを知ることです。ダイバーシティという視点からいえば、違いを知る、ということが大きなポイントになりますが、同じ点を知ることも大切です。とはいえ、これは、ダイバーシティを理解するうえでの第一歩にすぎません。また、実際に職場の仕事や社会の活動を行なううえで、直接役立つわけでもありません。そこで、「実務」を想定して、ダイバーシティがどのような役割をはたすのか、理解していただく一助として、次の二つのワークをしていただければと思います。

　一つは、デモグラフィ型ダイバーシティに関するものです。もう一つは、タスク型のダイバーシティに関連しています。まず、デモグラフィ型のほうから具体的なステップを説明していきます。

　まず、着目する属性ですが、「出身地域」にします。そのうえで、「出身地域」に「農村」を選んだ人を含めないグループと、一人だけ含めたグループ、「農村」を選んだ残りの人全員を入れたグループにわけてください。そのうえで、それぞれのグループで、都会と農村の交流を行なうビジネスプランを考えてください。ここでは、都会から農村、農村から都会へ、毎年夏に3泊4日、小学生100人ずつにホームステイをしてもらうことを想定してください。そして、

① 小学生の募集方法
② ホームステイ先の確保
③ 農村の小学生が都会で行なうこと
④ 都会の小学生が農村で行なうこと

という4つについて、アイデアを出してください。なお、参加費は、交通費抜きで小学生一人当たり現地での食費込で4万円とします。

　次に、タスク型について考えていきましょう。ここでは、「性格」に着目してグループわけを行ないます。一つは「外交的」な人だけのグループ、もう一つは「やや外交的」と「やや内向的」な人のグループ、そして最後が「内向的」な人だけのグループです。そのうえで、それぞれのグループで、次の仮説のもとに、A市の「道の駅」で特産品のリンゴの販売計画を立ててください。販売するリン

ゴは500個（単価は200円），販売対象者は「道の駅」で食事とトイレ休憩で訪れる5台のツアーバスの乗客200人（1台40人），販売時間は1時間半とします。なお，販売は，それぞれのグループのメンバーが行なうものとします。人数は，10人と仮定します。

① リンゴの直販（1個単位での販売）
② リンゴのお土産の宅配（10個単位での販売で，送料は別請求）
③ 加工または夕食をとるレストラン経由での販売
④ その他

　以上の二つについて考えていただき，それぞれのビジネスプランと販売計画を発表してください。そのうえで，グループごとにどのような相違や類似点があるのか，それがビジネスプランに関しては属性である農村出身者がいるかどうか，販売計画についてはタスクに関連する販売担当者の性格がどのように影響するのか，考えてください。これにより，ダイバーシティの意義を感じていただくことが目的です。なお，このワークについても，授業やグループワークができない場合は，数人の友達などに，デモグラフィーのワークと同様に回答してもらい，自分の診断結果と比較してみるとよいでしょう。

❖ 注目されるイントラパーソナル・ダイバーシティ

　これまで，組織のダイバーシティについて説明してきましたが，この章の最後に「イントラパーソナル・ダイバーシティ」について紹介したいと思います。とはいえ，ビジネスの世界においても「はじめて聞いた」という人が少なくないことばです。本書を手にする学生の皆さんの大半は，初耳なのではないでしょうか。そもそも「イントラパーソナルって何？」という声も聞こえてきそうです。
　「イントラパーソナル」は，反意語である「インターパーソナル」について説明したほうが理解しやすいかもしれません。「インターパーソナル」とは，直訳すると人と人の間ということです。これに対して，「イントラパーソナル」とは，人のなかという意味合いになります。ダイバーシティとの関係でいえば，インターパーソナル・ダイバーシティが他者との間のダイバーシティを意味するのに対して，イントラパーソナル・ダイバーシティは，一人ひとりの内部の多様性をいいます。
　では，一人ひとりの内部の多様性とはどういうことなのでしょうか。先ほどデ

モグラフィやタスクにおけるダイバーシティのワークを行なった際にも理解していただいたと思いますが，人は，一人ひとり異なります。したがって，内部に多様性をもった存在なのです。にもかかわらず，なぜあえて「イントラパーソナル」であることが重視されるのでしょうか。
　デモグラフィでいえば，ある人は，日本人と男性という異なる属性をもっているかもしれません。あるいは，都会の女性もいるでしょう。それぞれ異なる属性をもっているとはいえ，対極にある属性への理解が弱いことが多いといえます。日本人の男性がイギリスの女性を理解できるのか，都会の女性が農村の男性がどのように考え，行動するのかわかっているのか，といわれれば，「？」がつくということです。
　換言すれば，異なる属性をもっていても，その属性に伴う価値観に固執しがちだということです。異なる属性とそれに基づく価値観への理解が不十分ということでもあります。「それのどこが問題なの？」という疑問の声が出てくるかもしれません。この疑問への答えは，多様性のもつイノベーションへの役割が弱いためということがいえるでしょう。
　イノベーションとは，もともと，ヨーゼフ・シュンペーターという経済学者が1912年に執筆し，26年に改定出版された「経済発展の理論」ではじめて提唱された概念です。このなかで，シュンペーターは，経済成長を起動するのは起業家による「新結合」だとしました。新結合には，新しい生産方法の導入など5項目があるとしたうえで，新結合を推進することがイノベーションだと定義しました。ここから，イノベーションは，既存の知と別の既存の知の新しい組み合わせ，すなわち新結合から生まれると説明されることもあります。
　やや強引ないい方をすると，イノベーションは，一つの考えや手法などが別の考えや手法と結合することで生まれるものです。そして，一つの考えや手法に別の考えや手法が結合するようになるには，別の考えや手法を認めるという，多様性の尊重が不可欠であるということになります。このような意味において，マクロ的には経済成長，ミクロ的には企業の成長にとって，イノベーションとそれを支える多様性，ダイバーシティが重要になってくるのです。
　戦後，日本の企業の大半は，新卒の男性を中心に採用し，終身雇用制度のもとで，定年まで雇用し続けてきました。これにより，社員一人ひとりの専門性が深まるという意味では，知の深化が図られてきたといえます。しかし，新たな考えや手法という別の知を探索することは不得手になりがちです。それでは，イノベーションは起きにくくなってしまいます。

このため求められてきているのが，ダイバーシティ化です。購買決定者の多くが女性である現実からいえば，商品やサービスの企画やマーケティングにおいて，女性の参画が不可欠ということは，その具体的な例です。女性の登用の必要性は，こうしたイノベーションを進めるという意味からも重要なのです。ただし，これは組織におけるデモグラフィ型のダイバーシティの推進に他なりません。ここで，イントラパーソナル・ダイバーシティは，どのような意味をもつのでしょうか。
　女性の登用に対して，男性の上司や社員から冷ややかな反応や反発が存在し，実現が困難あるいは，失敗に終わったという事例は少なくありません。これは，主流派である男性の上司や社員に他者の価値観を受け入れる意志や能力が欠如しているためでもあります。イントラパーソナル・ダイバーシティを獲得していくことは，こうした問題を抑制し，組織のダイバーシティ化を進め，人びとの能力を引き出すことで，イノベーションの実現に向けて重要な意味をもつのです。

❖ T型からH型へ

　このような考えから，イントラパーソナル・ダイバーシティを考えていくと，企業が積極的に対応していこうとしていることもうなずけます。例えば，従来，職務専念義務が重視されてきましたが，兼業を認めることに象徴されるように，会社のなかにとどまっていることが歓迎されない時代になりつつあります。換言すれば，会社の外で接点をもつことにより，イントラパーソナル・ダイバーシティを深め，T型からH型の人材になっていくことが求められているといえるでしょう。
　T型とは，幅広い領域への関心（横軸）と専門分野への深い理解（縦軸）を意味します。これに対して，H型とは，社内での専門性を一つの縦軸としてもつことに加え，社外で別の専門性をもう一つの縦軸としてもち，それを横につなげることです。この横につなぐ部分は，社内と社外という異なる人脈のネットワークの間であり，「ストラクチャル・ホール」と呼ばれるものです。このストラクチャル・ホールに位置することで，新しい知の結合を作り出す可能性が高まるといえます。
　前述の兼業に加え，職業経験をボランティアとして生かすプロボノと呼ばれる社員の社会貢献活動，さらには男性の育児参加などを，企業は支援するようになってきています。これは，意識しているかどうかは別として，イントラパーソナル・ダイバーシティを獲得するとともに，H型の人材としてストラクチャル・ホールを活かすことができる人材への投資ということもできるのではないでしょ

うか。

　抽象論ではわかりにくいかもしれないので，具体的な例を通じて考えてみましょう。「女性のキャリアとライフスタイルを支援する」雑誌，日経ウーマンは，毎年，ビジネスや社会貢献で活躍した女性のなかから「今年の顔」として，「ウーマンオブザイヤー」を選んで，表彰しています。2017年の大賞に選ばれたのは，映画「君の名は。」を大ヒットさせた立役者といわれる，東宝映像本部映像事業部アニメ事業グループ宣伝プロデューサーの弭間友子さんでした。

　弭間さんは，大学在学中に映画館でのアルバイトを経験して，映画関連の仕事をしたいと思い，大学卒業前に，映画宣伝会社レオ・エンタープライズに入社しました。「ハリー・ポッターと賢者の石」などの宣伝を担当した後，20世紀フォックス映画宣伝部へ転職し，さらに，共同ピーアールを経て，同社関連会社のマンハッタンピープルでアニメ映画「けいおん！」の宣伝を担当し，興行収入20億円に迫るヒットにつなげました。

　「デザインものづくり大賞」を受賞した林千晶さんは，ロフトワークというグラフィックデザイナーから建築家まで，国内外のクリエイター2万5000人のプラットフォームを創設した女性です。2015年には岐阜県飛騨市らと飛騨の森林資源を世界に発信し，ものづくりにつなげるなど，地域創生にも取り組んでいます。林さんは，アラブ首長国連邦育ちで，早稲田大学で商学，ボストン大学の大学院でジャーナリズムを学び，卒業後，共同通信ニューヨーク支局に勤務しました。経済担当として米国IT企業や起業家とのネットワークを構築した経験をベースに，ロフトワークを立ち上げました。

　また，「子育て家庭応援ビジネス賞」を受賞した馬場加奈子さんは，大学卒業後に保険会社に就職しました。結婚を機に退職し，3人の子どもを出産しました。その後，離婚とシングルマザーでの子育てを通じて，子どもの成長に合わせて服を気軽に買い替える際の費用が大きいという子育て世代の多くの人が感じる悩みをビジネスに活かし，制服のリサイクルショップ「さくらや」を創業しました。買い取った制服の洗濯や刺繍取りなどの作業は，地域の障害者施設や高齢者に委託するなど，地域のためになるビジネスにもしているそうです。

　このように，弭間さんの場合は転職，林さんはジャーナリスト時代に形成したネットワーク，馬場さんの場合はシングルマザーとしての子育てというように，内容こそ異なりますが，一つの会社だけでは得られない経験があったのです。この過程で獲得した，イントラパーソナル・ダイバーシティが受賞につながる成果を生み出す一助になったと考えられます。

❖ **イントラパーソナル・ダイバーシティの獲得に向けて**

　では，学生である皆さんは，イントラパーソナル・ダイバーシティを獲得するために，どのようなことをやっていけば良いのでしょうか。H 型の人材に向けてという観点でいえば，その一方の縦軸，専門の勉強です。まず，それに集中することが大切です。

　そのうえで，もう一つの縦軸をつくるうえで，最も身近にできることとしては，家庭で家事や育児，介護などの手助けを行なうことが考えられます。また，専門科目以外の本や雑誌を読むことがあります。それにより，幅広い知識が獲得でき，多様な価値観を理解できる可能性が高まるからです。さらに，アルバイトや NPO でのボランティア活動やインターンシップ，海外でのホームステイなども多様性を養ううえで，プラスになるでしょう。

　これらは，特別なことではありません。何事にも興味をもち，内にこもらず，外に出ていく，そうした気質が求められているだけのことです。これからの時代がよりダイバーシティな社会になっていくことを前提として，イントラパーソナル・ダイバーシティを獲得していくため，一つ一つ，できるところからはじめていくことが，皆さんのキャリアを豊かにすることにつながると思います。

(1) http://www.tandfonline.com/doi/abs/10.1080/00064246.1995.11430734?tab=permissions&scroll=top& （2018 年 7 月 23 日最終アクセス）

(2) 2015 Catalyst Census: Women and Men Board Directors. New York: Catalyst, 2016, http://www.catalyst.org/system/files/2015_catalyst_census_final.pdf （2018 年 7 月 23 日最終アクセス）

(3) https://www.forbes.com/sites/michaelbobelian/2012/09/20/major-corporations-and-military-leaders-again-support-affirmative-action/#2672fc9b6e8b （2018 年 7 月 23 日最終アクセス）

(4) http://edition.cnn.com/2013/01/24/us/military-women-glance/index.html （2018 年 7 月 23 日最終アクセス）

(5) http://www.mod.go.jp/j/publication/net/shiritai/worklifebalance/index.html#a1 （2018 年 7 月 23 日最終アクセス）

(6) http://www.mlit.go.jp/kankocho/siryou/toukei/in_out.html （2018 年 7 月 23 日最終アクセス）

(7) https://matome.naver.jp/odai/2137245671555590701 （2018 年 7 月 23 日最終アクセス）

(8) https://www.jasso.go.jp/about/statistics/intl_student_e/2017/index.html （2018 年 7 月 23 日最終アクセス）

(9) http://www.moj.go.jp/housei/toukei/toukei_ichiran_touroku.html（2018 年 7 月 23 日最終アクセス）

(10) https://www.mizuho-ri.co.jp/publication/research/pdf/today/rt170721.pdf（2018 年 7 月 23 日最終アクセス）

(11) http://www.gender.go.jp/about_danjo/whitepaper/h25/zentai/html/zuhyo/zuhyo01-02-14.html（2018 年 7 月 23 日最終アクセス）

(12) http://www8.cao.go.jp/shougai/whitepaper/h28hakusho/zenbun/siryo_02.html（2018 年 7 月 23 日最終アクセス）

(13) http://www.mext.go.jp/b_menu/toukei/002/002b/1356065.htm（2018 年 7 月 23 日最終アクセス）

(14) http://www.mhlw.go.jp/file/06-Seisakujouhou-11600000-Shokugyouanteikyoku/0000121122.pdf（2018 年 7 月 23 日最終アクセス）

(15) http://www.dentsu.co.jp/news/release/2015/0423-004032.html（2018 年 7 月 23 日最終アクセス）

(16) https://www.nhk.or.jp/bunken/summary/yoron/social/032.html（2018 年 7 月 23 日最終アクセス）

(17) http://www.kantei.go.jp/jp/headline/ichiokusoukatsuyaku/hatarakikata.html（2018 年 7 月 23 日最終アクセス）

(18) http://www.health-issue.jp/reach_online2016_report.pdf（2018 年 7 月 23 日最終アクセス）

(19) http://nijiirodiversity.jp/lgbt%E3%81%A8%E8%81%B7%E5%A0%B4%E7%92%B0%E5%A2%83%E3%81%AB%E9%96%A2%E3%81%99%E3%82%8B%E3%82%A2%E3%83%B3%E3%82%B1%E3%83%BC%E3%83%88%E8%AA%BF%E6%9F%BB-2015/（2018 年 7 月 23 日最終アクセス）

第3章

人生設計におけるキャリア

　皆さんは，キャリアということばをご存知ですか？
　「もちろん，大学にキャリア支援センターがあるし，キャリア教育も必修です」というような答えが返ってくると思います。
　では，そもそもどのような意味なのでしょうか。
　大学や短期大学に通う皆さんにとって，キャリアということばから，卒業後につく仕事をイメージされることが多いと思います。たしかに，キャリア教育というと，就職活動の準備あるいはその一環と思われるような内容が少なくありません。しかし，キャリアとは，仕事のことだけではありません。
　キャリア（Career）は，ラテン語の馬車（Carrus），または轍（Carraria）を語源としています。「轍（訓読みで「わだち」）」が入った諺で，「轍を踏む」という表現を聞いたことがあると思います。この場合の「轍」は音読みの「てつ」になりますが，以前やったことを繰り返すことを意味します。特に，「同じ轍を踏んでしまった」とは，自分や第三者がかつて行なった失敗を繰り返してしまったことに対して用いられることが多いです。
　このように聞くと，ネガティブな印象を受けてしまうかもしれませんが，轍（わだち）とは，馬車が通った跡のことです。ここから，人が歩んできた道のり，すなわち人生にイメージをつなげることができます。人がどのように生きてきたのか，どのような経験を積んできたのか，何を築いてきたのかということにまで，轍ということばに含まれていることがわかるのではないでしょうか。
　この章は，人生設計との関連で，キャリアについて検討していきます。次章以降で扱うキャリアプランニングを考えていくうえで必要となる，キャリアの定義や基準，キャリアに関連して重要な意味をもつライフステージやライフロールなどの語彙について，しっかり理解していただくことを目的にしています。

1　キャリアに関する考え方

　キャリアが卒業後の仕事だけではなく，人生全体に及ぶ概念であるといっても，キャリア教育という科目や政府の政策に含まれるものである以上，何らかの考え方に基づき，その概念が示されていると考えられます。何らかの概念を示すことを定義と呼ぶとすれば，キャリアの定義は何か，ということです。
　定義の多くは，研究者や政策担当者によって異なっています。キャリアについても例外ではありません。ここでは，大学や短期大学でキャリアプランニングを学ぶ方を読者として想定しているため，学術的な観点からの定義に加えて，日本のキャリア教育を担当する政府の考え方などを整理しておきたいと思います。

❖ ホールの定義

　キャリア研究の第一人者のひとりとして，ダグラス・T・ホール（Hall. D. T.）の名前をあげることができます。1966年にアメリカのボストンにあるマサチューセッツ工科大学（MIT）スローン経営大学院で博士号を取得した後，ボストン大学マネジメント・スクールで組織行動学の教授になりました。
　ホールは，キャリアについて，次のように定義しています。「生涯における期間において，仕事に関する諸経験や諸活動と結びついており，個人的に知覚された一連の態度や行動である」（Hall 2002）。
　このことばを聞いただけで，「そうか！」と納得される方はあまりいないでしょう。「生涯における期間」「仕事における諸経験や諸活動」「個人的に知覚された」など，どこをとっても，かなりわかりにくいですよね。そこで少しかみ砕いて説明しておきます。
　まず，キャリアがある，ないということばがよく用いられますが，このような使い方だと，組織のなかで出世していくことのように感じられるのではないでしょうか。しかし，ホールの定義には，そうした組織内での上方移行という考え方は含まれていないことがわかりますよね。含まれていない，ということは，定義に含まれない，ということです。
　また，あの人のキャリアはすごい，といういい方もよく聞きますね。これは，その人の成功や失敗を第三者が判断するということを意味しています。しかし，「個人的に知覚された」ということばが示すように，成功や失敗は，その人自身が判断するものなのです。キャリアの成果などは，第三者によって判断されるも

のではない，といい換えてもいいでしょう。

　成功や失敗をその人自身が判断するということは，キャリアのもつ主観的な側面を表わしているといえます。とはいえ，その人の勝手な思い込みだけでキャリアを語ることはできません。「仕事に関する諸経験や諸活動」という客観的な側面に基づいて，判断すべき概念なのです。

　ただし，ここでいう「仕事に関する」という枕詞は，会社の仕事だけではありません。仕事に行き来する家庭や住まいのある地域，仕事で得る収入で生活を共にする家族，さらには仕事のストレスを発散させる（だけではないでしょうが）友人との飲み会や気の合う仲間との付き合いなども含まれていると考えるべきでしょう。

　最後に，「生涯における」「一連の態度や行動」ということばに注目してください。これは，キャリアを，例えば，野球の選手，会社の営業部長といった特定の職業や役職をとりだして示すものではないということです。その人の生涯，つまり誕生から死ぬまでの長い期間におけるさまざまな経験が連続して形作られるものだ，ということを意味しています。

❖ キャリアについての多様な考え方

　もちろんキャリアの定義は多様であり，上記のホールのものが唯一無二ではありません。また，定義以外にも理論と呼ばれているものもあります。ここでは，キャリアを学問として学んでいただくことを主眼としているわけではないので，それらの詳細を説明することは避けますが，**表3-1**に一覧として示したので，興味のある方は，そのなかにある「著書」などを手にして，より深く考えてみてください。

　学術的な定義の検討はここまでにして，キャリアについて日本の政府がどのように捉えているか，紹介しておきましょう。例えば，厚生労働省は，2002年に出した『キャリア形成を支援する労働市場政策研究会』[1]報告書のなかで，キャリアを「一般に経歴，経験，発展さらには，関連した職務の連鎖等と表現され，時間的持続性ないし継続性を持った概念」と定義しています。

　また，文部科学省は，2004年の『キャリア教育の推進に関する総合的調査研究協力者会議報告書～児童生徒一人一人の勤労観，職業観を育てるために～』[2]のなかで，「人が生涯にわたって遂行する様々な立場や役割の連鎖及びその過程における自己と働くこととの関係づけや価値付けの累積」としています。

　厚生労働省も，文部科学省も，ともに日本の政府機関です。しかし，よく見る

郵 便 は が き

6068161

恐縮ですが
切手を貼って
お出し下さい

京都市左京区
一乗寺木ノ本町 15

ナカニシヤ出版

愛読者カード係 行

■ ご注文書 （小社刊行物のご注文にご利用ください）

書　名	本体価格	冊数

ご購入方法 （A・B どちらかをお選びください）
A. 裏面のご住所へ送付(代金引換手数料・送料をご負担ください)
B. 下記ご指定の書店で受け取り(入荷連絡が書店からあります)

市　　　　町	書店
区　　　　村	店

愛読者カード

今後の企画の参考、書籍案内に利用させていただきます。ご意見・ご感想は匿名にて、小社サイトなどの宣伝媒体に掲載させていただくことがあります。

お買い上げの書名

(ふりがな)　お名前	(　　歳)
ご住所　〒　　－	
電話　　　(　　　)	ご職業
Eメール　　　＠	

■ お買い上げ書店名

　　　市　　　町　　　　　　ネット書店名
　　　区　　　村　　書店・（　　　　　　　）

■ 本書を何でお知りになりましたか
　1. 書店で見て　2. 広告(　　　　)　3. 書評(　　　　)
　4. 人から聞いて　5. 図書目録　6. ダイレクトメール　7. SNS
　8. その他(　　　　　　　　　　　　　　　　　　　　)

■ お買い求めの動機
　1. テーマへの興味　2. 執筆者への関心　3. 教養・趣味として
　4. 講義のテキストとして　5. その他(　　　　　　　　　　)

■ 本書に対するご意見・ご感想

表 3-1　キャリアの理論と概念

研究者	提唱した主な理論や概念，代表的著書など
ドナルド・E・スーパー	職業的自己概念，ライフステージ，ライフロール，キャリア決定のアーチ 著書：*Psychology of Careers*, Joanna Cotler Books（1957）
ジョン・L・ホランド	職業選択の理論 職業を 6 分類化した RIASEC（現実的：Realistic，研究的：Investigative，芸術的：Artistic，社会的：Social，企業的：Enterprising，慣習的：Conventional の頭文字）の提唱者 著書：『ホランドの職業選択理論――パーソナリティと働く環境』雇用問題研究会（2013）
ジョン・D・クルンボルツ	クルンボルツの理論，ハップンスタンス・ラーニング・セオリー 著書：『その幸運は偶然ではないんです』（共著）ダイヤモンド社（2005）
ナンシー・K・シュロスバーグ	イベントとノンイベント，転機の影響度を決める 3 要因 著書：『「選職社会」転機を活かせ――自己分析手法と転機成功事例』日本マンパワー出版（2000）
L・サニー・ハンセン	統合的ライフ・プランニング，人生の 4 つの役割 著書：*Integrative Life Planning: Critical Tasks for Career Development and Changing Life Patterns*（Higher and Adult Education），Jossey-Bass（1996）
マーク・L・サビカス	キャリア構成理論，ナラティブ・キャリアカウンセリング 著書：*Career Counseling*（Theories of Psychotherapy），American Psychological Association（2011）
エドガー・H・シャイン	内的キャリアと外的キャリア，キャリア・アンカー，キャリア・サバイバル 著書：『キャリア・マネジメント　パーティシパント・ワークブック――変わり続ける仕事とキャリア』白桃書房（2015）
ダグラス・T・ホール	キャリアの定義，プロティアン・キャリア，関係性アプローチ，メンタリング 著書：『プロティアン・キャリア・・生涯を通じて生き続けるキャリア――キャリアへの関係性アプローチ』亀田ブックサービス（2015）
アブラハム・H・マズロー	人間動機理論 著書：*A Theory of Human Motivation*, Start Publishing LLC,（2013），Kindle 版：Amazon Services International 販売

（注）　著書は，邦訳がある場合は，訳書を優先して掲載した
（出所）　各種の資料より筆者が作成

と，それぞれの定義は，異なっています。例えば，厚生労働省の定義では，「職務」ということばが出てきます。これに対して，文部科学省の定義は，「働くこと」という表現はあるものの，「職務」に比べれば，より幅のある概念です。

例えば，家事も「働くこと」の一部ですが，一般的に「職務」という概念は含まれていないでしょう。これは，厚生労働省が有償で雇われた人々向けの問題を扱うことが主であるのに対して，文部科学省は，幼稚園から大学までの児童や学生が対象であり，有償労働を行なう人びとを対象としているわけではないことを反映しているのではないでしょうか。

このように，キャリアの定義は，さまざまですが，一般的に仕事や就職，出世など働く場面で多用されています。しかし，これまで述べてきたように本書では，仕事の経験を積むことだけではなく，家庭や社会活動を含めた自分の生活全体や生き方全体を磨き，積み上げていくことという立場に立っています。自分の人生は自分だけのもの，人生は一度きりです。自分の人生を後悔しないためにも，キャリアについて，これから一緒に考えていきましょう。

2　キャリアに関する二つの基準

大きな書店に行くと，キャリアに関する本がたくさん並んでいます。書店に行かなくても，皆さんが通っている大学や短期大学などにある図書館にも何冊ものキャリア関連の書籍が置かれているでしょう。こうしたキャリア関係の本には，キャリアの理論が紹介されています。ここでは，キャリアカウンセリングにおいて最も影響力があるといわれている，ドナルド・E・スーパーが提唱したキャリアにおける二つの基準を中心に説明しておきたいと思います。

こう聞くと「あれ，この本は，学問として学んでいただくことを主眼としているわけではないので，それらの詳細を説明することは避けます，といっていたのと違ってくるのでは？」と思われるかもしれません。そう感じられたら申し訳ありません。しかし，「説明することは避けます」といったのは，あくまでさまざまな理論や概念を一つずつ紹介していくことはしないという意味です。

ここでスーパーの二つの基準を紹介するのは，先に示したホールの定義に代表されるキャリアについての定義を肉付けして，キャリアプランニングを考え，作成していくという，本書と皆さんの目的の枠組みを示していくことがおもな理由です。いい換えれば，「生涯における期間」「仕事における諸経験や諸活動」「個人的に知覚された」などの概念だけでは，キャリアプランニングを行なうには，

抽象的すぎます。したがって，何を，どう考えていったらいいのかについて，もう少し具体的なイメージができるようにするための参考として示しておくと理解してください。

❖ スーパーの二つの基準

スーパーのいう二つの基準とは，キャリアを段階としてのライフステージと，役割としてのライフロールに分類したものです。スーパーが1934年から60年間にわたるキャリア発達の研究のなかで生み出した概念です。ライフステージとは，キャリアの長さをいい，ライフロールはキャリアの幅と捉えた考え方ということができます。先のホールの定義でいえば，前者が「生涯における期間」，後者が「仕事における諸経験や諸活動」に対応しているといってよいでしょう。

❖ ライフステージ

学生の皆さんは，祖父や祖母に，これまでどのように生きてこられたか聞いたことがありますか。学校を卒業し，就職して，結婚，子どもができて，家をもち，子どもが結婚して，やがて孫ができた。「それがあなたですよ」というような話をされたのではないでしょうか。

このように，私たちの人生は，一本の線のように連続しているのですが，いくつかの主要な段階（人生段階）に分割することができます。子どもの時代，働いて，結婚をして，子育てをした時代，孫が生まれ，定年になり，老後を送るといったものです。もちろん，人それぞれさまざまな段階があり，一つの段階に費やす時間にも長短があるでしょう。それぞれの段階は，固有の特徴をもっているため，他の段階と区別して考えることができます。これがスーパーのいう，ライフステージです。そのうえで，人生の一側面である職業経験においても，いくつかの段階にわけることが可能だとして，職業経験を中心にして五つの段階に分割することができるとしました。

この5段階を一覧にしたものが，**表3-2**です。なお，ここで用いた人生と職業経験ということばは，筆者がわかりやすいことばに変えたもので，スーパーは，それぞれ一般的発展，職業的発展という語彙を用いています。

スーパーの理論は1950〜1960年代に発表されたもので，現在は，大きく時代が変わってきています。したがって，**表3-2**がすべてではありません。また，晩年の著書のなかで，スーパーは，成長期，探索期の後に，確立期を少し経て，しばらくしてまた探索期に戻って新たな職業選択を行ない，その職業で維持期に

表 3-2　スーパーのライフステージにおける 5 段階分類

段階	段階名	年代	特定の課題
第 1 期	成長期	0～15 歳	身体的成長と自己概念の形成が中心となる段階で，自分は何が好きかなど，興味や能力の探求がはじまる。
第 2 期	探索期	16～25 歳	自分の興味や能力に合うさまざまな分野の仕事について考えはじめ，具体的に特定の仕事に特化していく。教育や訓練を受け，その仕事に就く。
第 3 期	確立期	26～45 歳	特定の職業に時間と労力をかけ実績を積み，その職業に貢献する。能力や専門性を高め，より責任ある地位を求める。
第 4 期	維持期	46～65 歳	これまでに培った職業的能力や地位を維持し，若い世代に負けない新しいスキルを身につけ，若者への指導的役割も担う。退職に向けての計画を立てる。
第 5 期	下降期	66 歳以上	徐々に退職後のライフプランを考え，実践していく。仕事の義務や責任から解放され，より余暇や家族，地域活動とつながりのある，新しいライフスタイルをはじめる段階。

（出所）　各種の資料より筆者が作成

達しないことが普通になるかもしれないと述べています。

　スーパーが見ていたアメリカ社会と異なり，日本の企業や役所には，定年制度があります。また，近年，女性の活躍促進が声高に叫ばれてきましたが，欧米に比べると，女性の社会参画が遅れているなどの点も考慮すべきでしょう。例えば，66 歳以上に当たる第 5 期に「徐々に退職後のライフプランを考え」という表現がありますが，日本ではこの年齢になると，大半の人は退職しています。また，第 3 期と 4 期において，多くの女性は結婚や出産，育児により，一時的にせよ労働市場を離れていくので，「職業」に関する記述は必ずしも適合しません。

　とはいえ，女性の社会進出や，正規の教育を再度または新規に受ける成人の増加という事態をスーパーが指摘していることは注目すべきでしょう。なぜなら，これはアメリカだけではなく，日本でも社会人が大学や大学院で学びなおす，いわゆるリカレント教育が進んでいますが，そうした必要性や現実があることを指摘しているといえるからです。

　さらに，今日の企業社会は，「ダウンサイジング（規模の縮小）」や「ライトサイジング（規模の適正化）」といった現象が現われています。こうした企業の規模の変化とともに，派遣労働などの非正規雇用が増加しています。そのことは，表3-2 にある第 1 期を除く各段階において生じるとされる課題に，さまざまな年齢層の人びとがアプローチするようになってきていることを意味します。

例えば、第3期の確立期の半ばから後半の人びとが、第4期に想定されていた「若い世代に負けない」ためのスキル獲得のような、技術の進展にともなう変化が生じていることは、よく知られています。これらの点についても、スーパーは、予想しているような記述を残しています。

❖ ライフロールとは

では、スーパーのもう一つの基準である、ライフロールとはどのようなものなのでしょうか。ライフロールとは、人生における役割を意味します。スーパーは、キャリアが人生のいくつかの段階における場面でのさまざまな役割の組み合わせであることを重要視し、この概念をライフ・キャリア・レインボーの図として表現しました。図3-1がそれです。グレーの部分は役割を主に担うとされる部分であって人によって違います。

第5章で詳述しますが、人生における役割とは、子ども、学生、余暇人、市民、職業人、配偶者や親といった家庭人などがあります。そして、これらの役割を担う場面には、家庭、教育機関、職場、地域社会があるといいます。上記の役割のうちの一つ、あるいは複数の役割を並行して演じながら、私たちは生きているということです。現代社会ではいくつもの役割を演じている場合が多く存在しています。例えば、AさんはB社の社員で、Cさんの配偶者、D男とE子の親というような人は珍しくありません。もしかすると、この人は、資格取得の勉強など

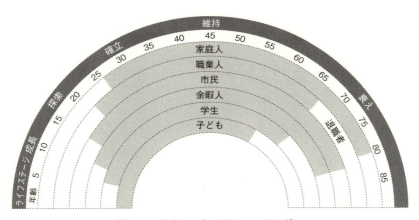

図3-1　ライフ・キャリア・レインボー

（出所）　各種の資料より筆者が作成

何歳になっても学生の役割に時間と労力を割いているかもしれません。あるいは，ボランティア活動を行なっていれば，時間と労力を市民としての役割に多く費やしていることになります。

一方，親の介護が長期にわたると，配偶者，つまり夫や妻としての役割よりも，子どもとしての役割が強くなることもあるでしょう。このように現代社会では複数の役割を演じなくてはならず，スーパーのいう4つの場面である家庭，教育機関，職場，地域社会のいずれにも関わっていくことが求められてきます。このことは，今日的にいえば，ますますワーク・ライフ・バランスの重要性が高まるということを意味します。なお，ワーク・ライフ・バランスについては，第2章で詳しく紹介しているので，参考にしてください。

✣ 「キャリア」の過去と現在

これまでの説明で，「キャリア」が企業などで働くことだけでなく，人生全体にわたる概念だということがご理解いただけたと思います。そのうえで，人生には，いくつかの段階があり，それをライフステージと呼び，さらに，それぞれのライフステージにおいて，異なる役割，つまりライフロールが求められることになるということもおわかりいただけたと思います。

しかし，このように述べると，「人間，生まれてから死ぬまで，いろいろなことがあるということでしょう」「当たり前じゃないですか」という反応が返ってきそうな気がします。たしかに，その通りです。「キャリア」を考え，計画づくりをする，ということは，人類の長い歴史において，一人ひとりが程度の差はあっても，考え，実践されてきたことでしょう。

では，皆さんが「キャリア」を考えるということは，皆さんの両親や祖父母と同じことなのでしょうか。社会が変わり，ダイバーシティという概念を踏まえて「キャリア」を考えていく必要がある，というのは本書の基本的な立場です。この点については，後の章で詳しく見ていきます。

ここでは，「人生100年」といわれる長寿社会に生きる皆さんと，60年または70年で人生に終わりを告げることが想定されていた，一昔前の世代とどこが同じでどこが違うのかを考えていきたいと思います。なぜなら，皆さんが「キャリア」を考える際，両親や祖父母の影響を多かれ少なかれ受けることになるでしょう。その際，両親と祖父母の時代における共通性や相違を認識していないと，軋轢が生じたり，「まあそうかな」と無原則に受け入れてしまい，将来に禍根を残す可能性があるからです。

✥ 祖父母や両親の時代の「キャリア」

「就職どうしよう？」と両親や祖父母に相談していることはありませんか。

多くの場合，「それは，大手の企業か役所がいいよ」という答えが返ってくるのではないでしょうか。その最大の理由は，就職後の「安定性」にあるといっていいでしょう。

たしかに，日本では，戦後，終身雇用といわれる労働慣行が長年続いてきました。終身雇用とは，高校や大学を出た後，最初に就職した職場で定年まで働き続けることをいいます。働く人すべてが終身雇用だったかのように思われがちですが，主として大学を卒業した男性のうち，大手企業や中央または地方の政府で雇われた人びとが享受できた仕組みだといわれています。男性は「外で働き」，女性は「結婚または出産後，家庭に入る」というパターンが主流だったといえるでしょう。

このような時代には，**図3-2**にあるように，男性は「働く」ことが中心で，仕事に必要な技能や知識の多くは，職場から提供されていました。一方，家庭や地域での役割は，妻に任せ，最小限に止まっていました。したがって，特に男性にとって「安定した職場」が家庭の安定にもつながるということで，重視されたのです。

では，女性はどうなのでしょうか。**図3-3**に示したように，家庭と地域における役割が中心となり，学ぶ機会や働く機会は，限られていました。ただし，これは結婚後または出産後のパターンで，結婚または出産前は，家庭や地域についての役割は両親が担い，働く役割が大きい人が多かったといえます。また，子育

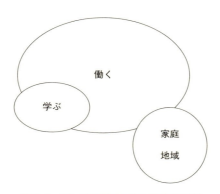

図3-2　20～60歳における男性の役割

（出所）　筆者が作成

第3章　人生設計におけるキャリア

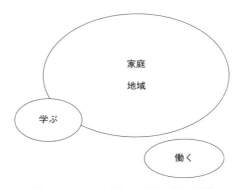

図 3-3　20～60 歳における女性の役割
（出所）　筆者が作成

てが終わる 40 代になると，家庭の役割が縮小し，働く役割が増加してきます。なお，学ぶについては，働くに直結するよりも，子育てや親の介護などの家庭に関連したものが多いと考えられます。

❖ 今日の「キャリア」

「女は大学に行くな」

　関西の JR や阪急電車に乗っていると，大きな文字でこのように書かれた広告を目にしたことがある，という人も少なくないでしょう。「なんて時代錯誤なの！」といわれそうですが，その後に，小さな文字で「という時代があった。専業主婦が当然だったり。寿退社が前提だったり。いま，女性の目の前には，いくつもの選択肢が広がっている」と書かれています。

　この広告にあるように，皆さんの祖父母の時代には，「女は大学に行くな」ということばを投げかけられた女性は少なくなかったでしょう。しかし，広告の小さな文字にあるように，「いま，女性の目の前には，いくつもの選択肢が広がっている」のです。

　女性の選択肢が広がってきたということは，男性にも変化を与えていくことになります。また，かつての終身雇用制度が崩れてきている今日，大手企業や役所に務めれば一生安泰，とはいえなくなってきています。こうした時代の変化は，皆さんが「キャリア」を考えるうえで，両親や祖父母の時代にはなかったことを考慮しなければならなくなったことを意味しているのです。

　どのようなことを考慮しなければならないのかについて先ほどの図 3-2 と図

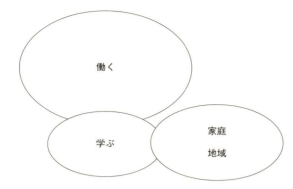

図 3-4　現在の 20 代から 60 代までの男性の役割

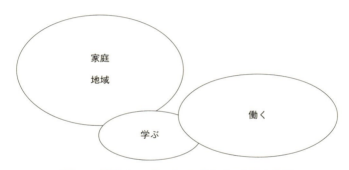

図 3-5　現在の 20 代から 60 代までの女性の役割

（出所）　どちらも筆者が作成

3-3 と比較しながら，上の**図 3-4** と**図 3-5** を参考にして，考えていきましょう。**図 3-4** は男性についてですが，家庭や地域の役割が増大していることと，学ぶにあたり職場外が大きくなっていることに気づかれると思います。家庭や地域の役割が増大しているのは，**図 3-5** に示された女性の役割において働くことが大きくなっていることに対応するものです。後で見る，ワーク・ライフ・バランスがこれにあたります。また，職場における限られた人脈や仕事の幅を広げる意味も含め，プロボノとして社会貢献を行なうことなども考えられます。

　もう一つの変化である，学ぶにあたり職場外が大きくなっているのは，どのような意味をもつのでしょうか。これは，終身雇用が崩れ，転職が起こりえることを前提に，大学などを卒業した直後に働く職場と異なる会社や役所などで働くための準備のため，ということが中心です。後述する社会人大学院やリカレント教

育がこれにあたります。

　では，女性はどうなるのでしょうか。図 3-5 では，図 3-3 に比べて，働くや学ぶが大きくなり，家庭や地域が小さくなっています。働くが大きくなり，家庭や地域が小さくなるのは，男性と反対の状況になることです。すなわち，ワーク・ライフ・バランスにおいて，働く部分が拡大することです。このため，従来の家庭に関連して学ぶだけではなく，働くことに関連して，学ぶことも大切になってくるでしょう。

　最後に，スーパーのライフステージにおける 5 段階分類の 5 段階目を考えてみましょう。「人生 100 年時代」になると，この時間が極めて長くなることは改めて指摘しなくても，おわかりいただけると思います。そのための準備を図 3-4 と図 3-5 で示したなかに盛り込んでおくことが求められます。20 歳前後の皆さんがリアリティをもって考えることは難しいと思いますが，例えば，祖父母の話を聞くというような身近なことも含め，意識的に考え，キャリアプランニングの中に反映させていくよう期待します。

第4章

就職活動とキャリアプランニング

　「キャリア，キャリアといわれても，私には，特別な能力や資格はありません。また，何をやりたいの，と聞かれても，「これ！」といえるようなものもありません。こんな私の人生をより実り多いものにしていくためには，どのようにしたら良いのでしょう」

　こんな思いを一度や二度は，感じたことがあるのではないでしょうか。「一度や二度じゃありません。何度も感じています」という人もいるかもしれません。では，このような状態において，どのように考え，行動していったらいいのでしょうか。

　そのための道筋をつけていくものが，第3章で紹介した，キャリアプランニングです。なぜなら，キャリアプランニングとは，自分の仕事や人生を，自分の理想通りになるように計画し，実現していくためのものだからです。

　しかし，学生の皆さんの多くは，キャリアプランニングというと，就職活動と同じように考えているのではないでしょうか。就職活動は，キャリアプランニングの一部ですが，そのすべてではありません。

　この章の目的の一つは，この二つがどのように異なるのかを明確にすることです。これにより，キャリアプランニングについての皆さんのイメージがはっきりしていくと思います。そのうえで，皆さんが現在，あるいは近い将来に向き合うことになるであろう，就職活動を行なううえで必要な知識と進め方について，「共に生きる」という視点も交えながら，ワークも行ないつつ，考えていきましょう。

1　「就活」で陥りやすい問題

　短期大学の学生さんであれば，1年生の後半，4年制大学の学生さんであれば3年生になる頃から，就職が気になってくるのではないでしょうか。自分の興味

や関心に基づき,「金融機関を目指す」,「メーカー希望」,「観光関係がいい」といった会話を友達と交わすようになると思います。つまり,どのような業種で働きたいのか,ということです。

「金融機関」といえば銀行が代表格です。かつて銀行というと,駅前に支店があり,お金を預けたり,引き出したり,あるいはローンを組んだりするところというイメージでした。しかし,いまは,インターネットバンキングのように,店舗をもたない銀行もあります。あるいは,「メーカー」で化粧品を製造しているといっても,百貨店で販売するところもあれば,ドラッグストアやコンビニエンスストアなどで販売するところもあります。これらは,業態の違いといえます。

さらにいえば,「観光関係」といえば旅行会社が代表例ですが,実際に旅行者を案内する添乗員のような仕事を考えているのでしょうか。それとも,海外や国内の旅行の企画を行なうのか,それとも,企画を売り込む営業をしたいのか。すなわち,職種をどのように考えるのかが問われるのです。

このように,仕事に関連して,業種と業態,職種というレベルを理解しておくことが必要です。しかし,「就活」に臨む学生の皆さんの多くは,「希望はA社」「私はB社」などのように,就職先の企業名をあげます。しかし,先輩に聞いてみてください。就職面接で,「なぜ,わが社を志望したのですか？」「入社された場合,どのような仕事をしたいですか？」と必ず聞かれます。前者は業種や業態,後者は職種を問われているといって良いでしょう。

では,実際の就職活動にあたり,業種はどのようにして,業態はどのようにして,そして職種はどのようにして,決めていったらいいのでしょうか。これらの点については,3で詳しく述べていきます。この節では,まず業種,業態,職種という三つのことばについて,理解していただくことを目的にしています。

❖ 業種・業態・職種の違い

先ほど,「金融機関」や「メーカー」「観光関係」といういい方で紹介しましたが,私たちに関連するさまざまな産業は,業種,業態の二つにわけることができます。業種とは,どのような商品やサービスを取り扱っているかによって分類される事業の種類のことをいいます。

総務省統計局のホームページに掲載されている「産業分類一覧」(http://www.stat.go.jp/data/e-census/2014/bunrui.htm)で確認すると,「分類不能」を加えると,20種類の大分類があります。「分類不能」以外の19の大分類は,それぞれ中分類,さらに中分類のなかにより具体的な内容を示す小分類へと,細かくわかれていま

表 4-1　産業分類一覧

大分類	中分類	小分類
A：農業，林業	2	11
B：漁業	2	6
C：鉱業，採石業，砂利採取業	1	7
D：建設業	3	23
E：製造業	24	177
F：電気，ガス，熱供給，水道業	4	10
G：情報通信業	5	20
H：運輸業，郵便業	8	33
I：卸売業，小売業	12	61
J：金融業，保険業	6	24
K：不動産業，物品賃貸業	3	15
L：学術研究業，専門・技術サービス	4	23
M：宿泊業，飲食サービス業	3	17
N：生活関連サービス業，娯楽業	3	23
O：教育，学習支援業	2	16
P：医療，福祉	3	18
Q：複合サービス事業	2	6
R：サービス業（他に分類されないもの）	9	34
S：公務（他に分類されるものを除く）	2	5
(T：分類不能の産業)	1	1
合計	99	530

（出所）http://www.stat.go.jp/data/e-census/2014/pdf/26bunrui-gen.pdf

す。なお，中小の分類は，二つのわけ方がありますが，その一つである日本産業分類によれば，中分類は 99，小分類は 530 になります。参考までに，表4-1 で，これを示しておきます。

　大中小の分類を具体的に見てみましょう。例えば，大分類の「金融・保険業」の場合，中分類で銀行業や協同組織金融業，保険業などがあります。中分類の一つ，銀行業は，「管理，補助的経済活動を行う事業所」と「中央銀行」，「銀行（中央銀行を除く）」の三つで構成されています。「管理，補助的経済活動を行う事業所」とは，主に「本社」に該当するもので，「中央銀行」は，いわゆる「お札」にあたる銀行券を発行する日本銀行，「銀行（中央銀行を除く）」は，普通銀行，郵

便貯金銀行及び信託銀行の3種類あります。

　また，大分類の「卸売・小売業」の場合で見ると，中分類では「繊維・衣服等卸売業」，「飲食料品卸売業」など11にわけられています。通信販売や訪問販売，自動販売機による小売業などのように店舗をもたない事業所については，「無店舗小売業」と分類されています。小分類の一つである「飲食料品卸売業」は，「管理，補助的な経済活動を行う事業所」と「農畜産物・水産物卸業」「食料・飲料卸売業」の三つにわけられています。そのうえで，「農畜産物・水産物卸業」については，「米穀類卸売業」などさらに五つにわけられています。

　業態は，「産業分類一覧」でいえば，おおむね小分類に該当すると考えていいでしょう。例えば，「卸売・小売業」(大分類)の一つ，「各種商品小売業」(中分類)のなかには，「百貨店・総合スーパー」などが入ってきます。

　このように，業種とは，私たちが普通イメージする何らかの産業，業態とは，それぞれの産業のなかに位置づいている事業の方式のようなものといえます。これに対して，職種とは，営業，事務，経理など，業務の内容によって分類された仕事の種類をいいます。一般的に「仕事」と呼ばれているものに相当します。

❖ 業種・業態・職種と就職活動

　産業分類に基づき，業種や業態を理解していただくことは大切ですが，この分類は膨大な数になるので，例示するだけですと，かえって混乱してしまうかもしれません。そこで，小売業を例にとって，業種，業態，職種について，**表4-2**にまとめて示してみました。

　この表を見ながら，就職活動の進め方を考えてみましょう。ただし，皆さんの多くは，業種，業態，職種よりも，個々の企業に関心が強いかもしれません。**表4-2**の小売業でいえば，業態にある百貨店は，世界的に見ると，1852年にフランスのパリで織物類を扱う店舗から発展したボン・マルシェ百貨店が起源だといわれています。日本では，三井呉服店の営業を引き継いだ三越呉服店が発展した三越百貨店が最初です。ご存知のように，現在では伊勢丹と合併し，三越伊勢丹になっています。

　その後，大丸，高島屋，そごう，松坂屋，東急，近鉄，阪神，阪急などの百貨店が相次いで設立されました。こうした老舗百貨店で働きたいと憧れている人もいらっしゃるでしょう。全国に240社あまりといわれている百貨店は，小売業の王様のようなイメージがあるかもしれませんが，売上高を見ると，小売業全体の5％です。近年，スーパーマーケットやコンビニエンスストア，また**表4-1**には

表 4-2　小売業を例にとった業種・業態・職種の例

業種	業態	職種	
小売業	百貨店	仕入・物流	
		販売	
		経理	
		人事	など
	スーパーマーケット	仕入・物流	
		販売	
		経理	
		人事	など
	コンビニエンスストア	仕入・物流	
		販売	
		経理	
		人事	など
	ドラッグストア	仕入・物流	
		販売	
		経理	
	など	人事	など

（出所）　各種の資料より筆者が作成

含めていませんが，家電などの量販店，さらにはネット販売などが大きく伸びてきています。このような点も踏まえ，人生全体における「キャリア」を考えていく必要があります。

　さて，就職活動に臨んでいるAさんは，業種よりも業態に強い希望があり，百貨店で働きたいということです。具体的な志望先は，三越伊勢丹や大丸です。同様にBさんは，スーパーマーケット，そのなかでイオンかライフを考えているそうです。

　「企業名まであげられるのは，しっかり考えている証拠だな」と思われるかもしれません。しかし，実際に働く場合，業態が異なっても，職種は同様なものから選ぶことになります。もっとも，それは職務が提示されて応募，採用にいたるアメリカのような社会でのことで，日本では，「入社」してから，配属が決まり，さらに数年ごとに異なる職種を経験していくことが現状ではまだ多いといえるでしょう。

　だからといって，職種を意識しなくてもいい，ということにはなりません。先に述べたように，就職面接では，「どんな仕事をしたいですか」と聞かれるから

です。また，個々人の専門性が求められる時代で，転職を経験する人も多くなってきています。その際，どんな仕事ができるのか，したいのかを自問して，「特にないな」という答えしか出てこないようだと，就職活動の先行きに影が差してしまいかねません。

2 キャリア全体における就職活動

　就職活動とは，一言でいうと，自分がやりたい仕事を見つけることです。大学や短期大学を卒業後，多くの皆さんは社会人になり，企業や行政などで働くことに膨大な時間や労力を費やすことになります。やりたい仕事ができず，いやいや働いているのでは，人生そのものの豊かさが大きく損なわれてしまう可能性があります。

　さて，ここでいう仕事とは，職種といい換えることができます。ただし，職種には，業種や業態によってバリエーションがあることを確認したうえで，就職活動を考える必要があります。例えば，いわゆるB to B（Business to Business）という，企業などの法人向けの事業を行なう企業の顧客は，当然，法人です。これに対して，B to C（Business to Consumer）といわれる事業の企業の顧客は，個人です。同じ職種，例えば，営業職でも，B to BかB to Cかにより，営業のやり方などはかなり異なります。

　こうした点も踏まえて，就職活動を進めていくことが大切です。しかし，具体的な就職活動について考える前に，キャリアやキャリアプランニングと就職活動の二つがどう異なるのか，整理しておきたいと思います。この点を理解していないと，キャリアプランニングのなかに就職活動を位置づける，ということがおわかりいただけないと思うからです。具体的な就職活動の進め方を紹介するのは，その後になります。

❖ キャリアの全体像

　表4-3をご覧ください。この表は，個人のキャリア全体像をドナルド・E・スーパーのライフロールを参考にしたものです。18歳から22歳未満の学生が20代の職業人に移行する過程を「就職」と表現しています。これが，大半の学生の皆さんにとっての就職活動になります。ご覧いただくとおわかりのように，キャリア全体から見ると，ごく一部にすぎないことが理解できると思います。

　ところで，なぜ「大半の学生の皆さんにとっての」と制約的な表現にしたのか，おわかりでしょうか。「リカレント教育」ということばをお聞きになったことが

表 4-3 個人のキャリア全体像の例：年代・場面に応じた主要な役割や活動

年代		18歳未満	22歳未満	20代	30～40代	65歳未満	65歳以上
中心場面		小中高	大学・専門学校など	☆ 職場・家庭・地域	☆ 職場・家庭・地域	☆ 職場・家庭・地域	☆ 家庭・地域
子ども		肉体的・精神的・知的成長					親の介護
学生			精神的・知的成長 将来ビジョンの形成				
職業人				就職	責任の拡大	責任の拡大	退職
家庭人	夫・妻			結婚	家庭生活	家庭生活	家庭生活
	親			出産	出産・育児	子どもの結婚	
市民		友人作り	ボランティア活動	ボランティア活動	自治会・PTAなど	自治会・PTAなど	ボランティア活動など
余暇人		友人付き合い	学生同士の付き合い	趣味	趣味	趣味	趣味

（注）　☆は，キャリアの見直し時期。➡は，就職活動
（出所）　各種の資料より筆者が作成

ありますか。義務教育から大学あるいは大学院など，社会人になる前の教育を終えてから，生涯にわたり教育と労働などのさまざまな活動を交互に行なう教育のあり方をいいます。スウェーデンの経済学者ゴスタ・レーンの提唱した概念で，日本では社会人大学院や大学の通信講座，放送大学などが，その例です。

表 4-3 には書き込んでいませんが，例えば，30代から40代になって企業での責任が拡大するとともに，それまでの経験に頼ったやり方では部下がついてこないという状況が出てきたとします。そこで一発奮起して，大学院で経営学を学びなおす，というようなことが，リカレント教育の具体的なイメージになります。あるいは，早期退職をして，自分のやりたかったことをNPOとして行なうために，大学院に入るということもあるでしょう。

実は，私も，会社員から美容の世界に入り，その後，大学で教鞭をとるようになりました。大学教員として調査研究の方法をより深く，体系的に理解し，教員としてレベルアップしたい，という気持ちもあり，社会人大学院に入学，修士号を取得しました。大学生の頃は，社会人大学院に入り，学ぶことは想像していま

表 4-4　就職活動とキャリアプランニングの相違

	目的	期間	考慮すべき点
就職活動	希望する会社に入ること，または職種につくこと	一定期間	特定の職種への関心，能力，職場の処遇
キャリアプランニング	自らが目指す人生を設計すること	入学から卒業まで，その後，随時見直し	人生設計

（出所）　各種の資料より筆者が作成

せんでしたが，そうしたことが珍しくない時代に皆さんは生きているのです。

　表 4-3 をご覧いただくと，キャリアやキャリアプランニングと就職活動の違いがイメージできると思います。この違いを文字にして簡潔にまとめたものが，**表 4-4** です。これもあわせて参考にしていただくと，よりわかりやすくなると思います。

3　就職活動の全体像と業種の決定方法

　前節の **表 4-3** では，18 歳未満から 65 歳以降だけではなく，人が生まれ，亡くなるまでの全体がキャリアである，という考えを示しています。かつて織田信長は，「人生 50 年」といったといわれています。いまはどうでしょう。「2017 年厚生労働省第 22 回生命表(1)」によると，現在，日本人の平均寿命は男性 80.75 歳，女性 86.99 歳です。世界でもトップクラスの長寿国になっています。

　20 歳前後の皆さんは，80 年以上ある人生を計画するなんて，とてもイメージが湧かないかもしれません。また，人生そんなに都合良く計画通りにはならないと考える人もいるでしょう。その通り，人生のすべてが計画通りにはいきません。

　しかし，キャリアプランニングを通して，理想の自分をイメージすることは，自分の夢や目標が明らかになり，それらに一歩近づくための方法を具体的に理解できるという利点があります。キャリアプランニングは，難しく考えることはありません。理想の自分の将来像を思い描き，計画をして，ゴールにたどり着くまでの道のりを思い描く，楽しい作業です。

　このキャリアプランニングの大きな柱の一つに，**表 4-3** でも示していますが，「職業人」があります。大学を卒業して，企業や行政で働くとすれば，定年が 65 歳としても，皆さんは，40 年もの間，この「職業人」としての役割をもつことになります。仮にフリーランスや経営者の道を進むとすれば，それ以上の年月を

「職業人」として過ごすことになるでしょう。

このように，皆さんのキャリアにおいて，「職業人」は，一部ですが，極めて大きな位置を占めていくことになります。その出発点として，皆さんの多くが経験するのが，就職活動です。たびたび指摘してきたように，この活動も皆さんのキャリアの一部になるものですので，キャリアプランニングの枠組みで捉え，進めていくことが求められます。

❖ キャリアプランニングへの就職活動の位置づけ

では，就職活動をキャリアプランニングの枠組みで捉え，進めていくということは，どのように理解したらいいのでしょうか。キャリアプランニングとは，職業や家庭生活などにおいて，自分が理想とする姿をイメージし，それを具体的な目標として近づいていくための計画づくりということができます。就職活動は，キャリアプランニングの一部なので，これと同様に，理想の姿を描き，目標を定め，そこに到達できるようなプランをつくるというだけではありません。

そもそもプランニングとは，設定した目標に向けて，必要な作業を積み上げていくことを意味します。いまできることをやることは大切ですが，どこに向かっているのかわからずにやっていても，その作業は徒労に終わってしまう可能性も大きいでしょう。

例えば，皆さんが大学入試にあたり，どのように勉強したか思い出してください。多くの方々は，第一志望，第二志望というように，入りたい大学や学部をイメージしたのではないでしょうか。そのうえで，入試科目や出題傾向を調べ，勉強を進めていったと思います。私立大学の理科系は，社会や国語の出題がないところが多いです。こうしたところを目指しながら，日本史の主要な出来事や年代を覚え，古文や漢文の文法を頭に詰め込んでも，入試に直接役に立ちません。英語，数学，理科系の科目に集中しないと，入試は突破できないのです。

就職活動も，これに似ています。希望する企業などの業種や業態，職種を明確にして，それらにあった準備が求められます。例えば，ジャーナリストをめざすなら，調査技術や文章力が必要でしょう。公務員を志望する場合は，法律や政治についての仕組みを理解しておくことが大切なのではないでしょうか。民間企業で営業をやりたいならば，商品やサービスを売り込むためのコミュニケーション能力が期待されると思います。

このように，入試における「傾向と対策」と同様に，就職活動においても，目的の企業などの業種や業態，職種にあわせて進んでいく必要があります。ただし，

これだけでは，就職活動をキャリアプランニングの枠組みに取り込んだことにはなりません。

再び，大学受験のことを思い出してください。どの大学のどの学部を受けるかということは，どのような判断に基づいていたでしょうか。入試の合否はテストの成績が大きな部分を占めるので，偏差値で判断した，という答えが返ってくるかもしれません。たしかに偏差値は，受験先を決める一つの要素です。あるいは，小説が好きだから文学部，英語が得意なので英文科というように，好きなことや得意なことを中心に決めた人もいるでしょう。

しかし，多くの受験生は，卒業後に何をしたいのか考えて，受験先を判断したのではないでしょうか。少なくとも，判断基準の一つに，漠然としていたり，憧れのようなものであったとしても，卒業後の就職を中心にした人生設計があったのではないでしょうか。公務員志望なので法学部，技術者になりたいので工学部などのような考えです。このことは，本書で扱うキャリアプランニングのように意識的なものとはいえないとしても，キャリアプランニングの考え方が潜在的に存在していたといえます。

このように，就職活動は，将来の自分のあり方と関連させながら，進めていくことが大切です。将来の自分といっても，就職後の職場における自分の姿だけではありません。「職業人」としての長いプロセス全体に加え，それと並行して担うことになる，「家庭人」（「夫・妻」と「親」），「市民」，「余暇人」，さらには親に対する「子ども」という存在を含め，さまざまな役割と関連させていくことが必要です。それを具体的にどのようにプランニングに落とし込んでいくかについては，後で考えていきましょう。

❖ 就職活動のトータルプロセス

就職活動というと，リクルートスーツを身につけ，会社訪問をして，面接などを受けたのち，内定を勝ち取ることのようにイメージしがちです。このイメージに従えば，まず黒やグレーのスーツを買いに行くことが，就職活動の第一歩になります。TPOを考えれば，よれよれのジーンズと踵（かかと）がつぶれたスニーカーでいくことはお勧めできませんし，身だしなみを考えることは必要です。そして，「活動」という以上，就職活動にも，「はじめ」と「おわり」があります。「おわり」は，当面の目標である「内定」を受けることといっていいでしょう。では，「はじめ」は何なのか，そして「はじめ」と「おわり」の間にどのようなプロセスがあるのか。この点について，まとめておきたいと思います。このことを理解

表 4-5　マーケティングにおける STP を応用した就職活動のプロセス

段階	マーケティング	就職活動
第1段階	環境分析と市場機会の発見	環境分析と自己分析
第2段階	セグメンテーション（S）	業種や業態の検討
第3段階	ターゲティング（T）	業種や業態の決定，企業分析
第4段階	ポジショニング（P）	GD，集団面接，個人面接など

（出所）　筆者が作成

することで，ステップバイステップの対応が可能になるからです。

　就職活動を経営学的な観点から考えると，学生のもつ労働力を企業などに買ってもらう作業といい換えることができます。経営学には，マーケティングという考え方があります。これは，誰に，どのような価値（あるいは物）を，どのように提供するのか決めて，実行することです。このマーケティングの考え方の中に，STP という手法があります。この STP の手法を応用して，就職活動のトータルプロセスを考えていきましょう。

　表 4-5 をご覧いただくと，四つの段階にわかれています。マーケティングの第1段階は，環境分析と市場機会の発見です。これは，企業に影響を与える外部環境を分析し，自社の内部環境を適応させることで，目標とする業績を達成しようとする考え方です。とはいえ，外部環境の範囲は膨大なので，マクロ環境に焦点を当て，PEST 分析という手法などを活用して行ないます。PEST 分析とは P = Politics（政治面），E = Economy（経済面），S = Society（社会・ライフスタイル面），T = Technology（技術面）という四つの分野の頭文字をとったものです。こうした分析を行なうことで，自社に適した市場を発見していきます。

❖ STP を活用した業種の絞り込み

　では，これを就職活動に応用した場合の，環境分析と自己分析とはどのようなものと考えたらいいのでしょうか。就職活動に関連したマクロ環境の分析を行ない，自己分析で得られた自らの強みなどへの応用可能性を考えるということになります。例えば，いまの日本には，政治面では女性の活躍が促進され，経済面では海外からの観光客の増加が景気の浮揚の一助になっている反面，社会面では少子高齢化に歯止めがかからず，高齢者介護にロボットや IoT が活用されるようになっている状況があります。このような状況で，皆さん一人ひとりがもつ強みをどのように発揮できるのかを考えるプロセスといえます。

マーケティングにおいて，第2段階はセグメンテーション，第3段階はターゲティング，そして最後の第4段階はポジショニングとなっています。これらを合わせて，STPと呼ばれています。セグメンテーションとは，市場を細分化することです。ターゲティングは，細分化した市場のなかで，どこに焦点を当てるのか決めることです。そのうえで，焦点を当てた市場に対して，どのような「見せ方」を示すことになります。これがポジショニングですが，他と異なる強みや特色を打ち出すことと考えていただければいいと思います。

　セグメンテーションということばを用いて業種や業態について検討するということは，膨大な業種や業態を細分化することになります。前述の産業分類がこれにあたります。そのうえで，細分化された業種や業態をターゲティング化するということは，皆さんがどの業種や業態に関心をもち，応募してみようと考えるか，ということです。

　では，最後のポジショニングは，どのような意味になるのでしょうか。第1段階で行なった自己分析などを行ない，自分の強みや特徴を生かして，就職活動におけるグループディスカッションや集団面接，個人面接などに臨み，ご自身を積極的にPRしていくということです。なお，実際の就職活動においては，通常，こうした対面式の審査の前に，エントリーシートを書いて送り，筆記試験を受けるのが一般的です。これらを行なう際にも，ポジショニングの考えを含めて考えると良い場合があるでしょう。なお，ここでカギとなる自己分析については，次章で詳しく説明するので，参考にしてください。

❖ セグメンテーションからターゲティングへ

　さて，1で見たように，私たちの社会には，さまざまな業種があります。就職活動では，この膨大な業種のなかから，自分が「これだ！」と思うものを探し出し，業態への絞り込み，最終的には具体的な企業などへのアプローチを行なうことが求められます。ここで必要になるのは，こうした絞り込みの作業です。マーケティングの考えに立てば，セグメンテーションやターゲティングを行なうということです。

　セグメンテーションについては，産業分類に示された大分類から中分類，そして小分類へと落とし込んでいけばよいでしょう。では，旅行好きのAさんを例にとって考えてみましょう。産業分類の大分類で旅行や観光に関係するところはどこかというと，Mの宿泊業，飲食サービス業の中分類である宿泊業とNの生活関連サービス業に含まれる「その他の生活関連サービス業」（中分類）の「旅行業」（小分類）が該当しそうです。そこで，これらの小分類をさらに細かく示した

表4-6　旅行に関連する宿泊，飲食サービス業の小分類と細分類

小分類	細分類
管理，補助的経済活動を行なう事業所	主として管理事務を行なう本社等 その他の管理，補助的経済活動を行なう事業所
旅館，ホテル	旅館，ホテル
簡易宿所	簡易宿所
下宿業	下宿業
その他の宿泊業	会社・団体の宿泊所 リゾートクラブ 他に分類されない宿泊業

（出所）http://www.soumu.go.jp/toukei_toukatsu/index/seido/sangyo/02toukatsu01_03000044.html#m

表4-7　旅行に関連する生活関連サービス業，娯楽業の小分類と細分類

小分類	細分類
旅行業	旅行業（旅行業者代理業を除く） 旅行業者代理業

（出所）http://www.soumu.go.jp/toukei_toukatsu/index/seido/sangyo/02toukatsu01_03000044.html#m

細分類も含めて，表にしてみました。**表4-6**と**表4-7**がそれです。

　これら二つの表を見てみると，当然のことながら，旅行業者代理店業が一番イメージに近いと思われる人が多いのではないでしょうか。しかし，「あれ，旅行代理店と違うの？」と思われる人もいるかもしれません。旅行業代理業とは，他社の旅行商品を他社のために代理して販売する旅行業者のことで，自ら旅行を企画することはできません。

　国内や海外の募集型企画旅行，受注型企画旅行，手配旅行，他社募集型企画旅行代売などの旅行契約を取り扱うことができるのは，旅行業者になります。これは，扱うことができる旅行の種類により，第1種から第3種までわかれています。海外旅行は，第1種でしか扱えないので，海外旅行を仕事にしたいのであれば，第1種の企業でなければなりません。

　旅行商品を扱うわけではありませんが，**表4-6**にある旅館やホテルも旅行に関係しています。また，この細分類には，リゾートクラブや会社・団体の宿泊所も含まれています。リゾートクラブとは，会員向けに宿泊施設や宿泊施設を核に

したリゾート施設を提供する事業所のことです。また，会社・団体の宿泊所とは，会社や団体の所属員など特定の対象者のみに宿泊を提供する事業所のことで，企業や団体の保養所やユースホステルなどのことです。

　このように，旅行や観光を扱う事業所といっても，かなりの種類があることがわかるでしょう。しかも，これだけではありません。例えば，生活関連サービス業，娯楽業（大分類）の中分類の一つ娯楽業の中に，その他の娯楽業という細分類がありますが，ここにはマリーナ業や遊漁船業があります。前者は，ヨットハーバーなどを指し，後者は釣舟などが具体例としてあげることができます。

　産業分類を用いて，大分類から中分類，そして小分類，さらに細分類と絞り込んでいくことで，それまで知らなかった数多くの事業体も含めて，さまざまな事業の形についての知識を得ることができるでしょう。そして，細分類の先に，具体的な企業名を引き出すことで，就職活動が現実化していくことになるのです。

4　職種の分類と選択の方法

　本章の1でも述べましたが，アメリカでは，求職者は提示された職務に対して応募しています。提示されると書いたように，文章として職務が示されます。これをジョブ・ディスクリプション（職務明細）といいます。ジョブ・ディスクリプションには，採用された後に行なうべき具体的な職務に加えて，その職務を遂行するにあたり求められる学歴や資格，経験などに加えて，適性なども記載されています。例えば，営業職であれば，「初対面の人にも積極的に話しかけることができ，週末や夜間などにも働くことができること」などのことが求められます。

　では，日本ではどうでしょう。終身雇用制度が崩壊したといわれるものの，依然として新卒採用が中心で，「入社」してから，配属が決まり，さらに数年ごとに職種や職場が変わりながら，昇進していくパターンが続いています。こうした異動は，同一企業内にとどまらず，関連企業や他社への出向というケースも珍しいことではありません。

　このような人事管理の下では，特定の職種に限定して働くという考えは通用しない，と思われるかもしれません。しかし，実際に働いている人からは，「ほかの人にはない専門性をもっていたら良かった」というような声を聴くことが少なくありません。高い専門性をもっていることで社内における立場が安定することや，仕事へのやりがいが強まるなどの理由からだと考えられます。

　では，自分に適した職種を選ぶには，どのようにしたら良いのでしょうか。こ

の節では，その手法を含めて，具体的に考えていきたいと思います。

❖ 職種とは？

職種の選び方に入る前に，職種にはどのようなものがあるか，知っておくことが必要です。職種を仕事に置き換えると，膨大な数があると思われるでしょう。しかし，厚生労働省の分類は，わずか11種類にすぎません。具体的には，管理的職業，専門的・技術的職業，事務的職業，販売の職業，サービスの職業，保安の職業，農林漁業職業，生産工程の職業，輸送・機械運転の職業，建設・採掘の職業，運搬・清掃・包装等の職業です。

ただし，これら11種類は，産業分類と同様に，大分類です。それぞれの大分類のなかには，産業分類のように，中分類，小分類，細分類があります。例えば，販売の職業では，中分類として商品販売の職業，販売類似の職業，営業の職業にわけています。商品販売の職業とは，コンビニの店長や店員，訪問販売員などが含まれます。販売類似の職業ということばは，わかりにくいですが，不動産や保険の代理人のことです。最後の営業の職業には，飲食料品や医薬品などを販売する人をいいます。いずれにせよ，膨大な数になるので，詳細については，ハローワークインターネットサービス（https://www.hellowork.go.jp/info/mhlw_job_dictionary.html）を参照してください。

厚生労働省の分類は，職種全体を網羅していますが，膨大なので，皆さんは，わかりにくいと感じるかもしれません。そこで，**表 4-8** で，おもな職種を四つに分類してみました。専門系とは，専門的な資格やスキルを身につけて働く人すべてを分類します。幅広い分野にまたがるので，一部掲載としました。知らない職種や仕事の内容がイメージしにくい職種は，インターネットなどで詳しく調べてみましょう。

表 4-8　職種の分類

営業・販売系	事務系	技術系	専門系
法人向け営業，個人向け営業，販売，セールスエンジニア，MR（医療情報担当者），バイヤーなど	財務・経理，人事，広報，企画，一般事務，総務，マーケティングなど	SE（システムエンジニア），プログラマー，品質管理・生産管理，施工管理，研究開発，設計など	公認会計士，税理士，弁護士，司法書士，行政書士，キャビンアテンダント，秘書，教員，保育士，カウンセラーなど

（出所）各種の資料から筆者が作成

同じ企業で働いても，職種によって仕事内容が変わってきます。また，企業によっては同じ職種でも内容が異なる場合もあります。個人の専門性を求められる職種はもちろんのこと，日本では，入社してから配属が決まったり，数年ごとに部署の異動があり，いろいろな職種を経験したりする企業も多くありますが，いざ，働き出してから戸惑うことのないように職種の把握はしておいた方が良いでしょう。

❖ 職種の選択方法

　職種について理解したうえで，どのようにして職種を選んでいけば良いのか，考えてみましょう。ここで参考になるのは，産業分類に基づき，大分類から中分類，小分類，そして細分類へと絞り込んでいく方式です。職種については，先に述べたように，厚生労働省は11の大きな分類を行なっています。そのなかで，どれに興味があるのか，チェックしてみてください。11の大分類から一つまたは複数選んだら，選んだものの中分類に進みましょう。中分類のなかで，気に入ったものを選び出します。そして，選んだなかから，さらに小分類，そして細分類へと絞り込んでいくことになります。

　このようにしていくと，例えば，販売の職業を大分類として選び，そのなかから中分類として販売類似の仕事に興味をもち，そのなかで不動産仲介・販売員の小分類から選び，最後に細分類において土地建物売買人が最も関心がもてる職業として行きついた，というような形になるのです。もちろん，この過程で，不動産の仲介・販売，土地建物の売買などが具体的にどのような仕事なのか，調べながら選択していくことが必要です。

　これを示したのが，表4-9です。他の大分類でも同様に用いることができますので，ご活用ください。なお，小分類や細分類は，かなりの数があります。このため，一部を例示するにとどめました。また，細分類は，わかりやすくするために，該当例を示している場合もあります。より具体的にどのような職種があるのかを知りたい場合は，ハローワークインターネットサービスの厚生労働省編職業分類（https://www.hellowork.go.jp/info/mhlw_job_dictionary.html）にアクセスしてください。

　これを活用すると，同じ販売の職業であっても，商品を直接販売する家電量販店の店主になりたいのか，青果店仲買店員になりたいのか，といった違いがはっきりしてくるのではないでしょうか。また，同じ営業の職業であっても，扱う商品が違うことで，医薬品営業員になったり，通信・情報システム営業員になったりします。情報システムに関わりたいが，工学部ではないし，技術者になりたい

表4-9 販売の職業を例にとった職種の選択手順

大分類	中分類	小分類	細分類
販売の職業	商品販売の職業	小売店主	コンビニ店主 家電量販店店主
		卸売り店主	卸売り店主 飲食料品卸売店主
		小売販売員	衣服販売員 キャッシャー
		卸売り販売員	マネキン販売員 青果仲買店員
	販売類似の職業	不動産仲介・販売員	土地建物売買人 不動産仲介人
		保険代理人・仲介人	生命保険代理店主 保険ブローカー
	営業の職業	医薬品営業員	医薬情報担当者 医薬品卸売営業員
		通信・情報システム営業員	通信回線営業員 通信機器販売営業員

(出所) https://www.hellowork.go.jp/info/mhlw_job_dictionary_04.html

わけでもない，というような人でも，関連した職業につける可能性があることを示しています。

5 就職活動の対象とする企業のリサーチ

　これまで見てきたように，私たちの社会には，実にさまざまな業種や業態，そして職種があります。就職活動の第一歩は，どの業種や業態の企業などで，どのような仕事をするのか，つまり職種につくのかということについて，自分を見つめ直したうえで，決めていくことです。自分を見つめ直すこと，すなわち自己分析は次章で詳しく説明します。ここでは，業種や業態，職種が決まった後で，自分自身を活かし，かつ社会にも貢献できる企業をどのようにして探しだしていけば良いのかについて考えていきます。

　なぜなら，実際に働くのは，個々の企業だからです。そして，私たち一人ひとりが違うように，企業も一つ一つ異なります。料理でも組み合わせが悪いと，せっかくの味が台無しになってしまいます。同様に，いくら希望の業種や業態で，やりたい職種をやらせてくれるといっても，自分に合わない職場だったという可能性は否定できません。企業文化ということばがありますが，企業もそれぞれ独

自の文化をもっています。それに合うか，合わないかは，仕事を行なう際に，皆さんの能力を十分発揮できるかどうかにも関わってきます。

　また，本書は，キャリアプランニングに関するものです。就職活動とその結果としての就職は，その一部です。就職後には，「職業人」になるわけですが，すでに述べたように，「職業人」以外の役割ももつことになります。例えば，「子ども」の役割を重視すれば，親の住む実家やその周辺で生活したいと思うでしょう。「家庭人」である「夫・妻」や「親」の役割をきちんとはたしていきたいとすれば，ワーク・ライフ・バランスを尊重する企業文化をもつ職場でなければ，働き続けることは難しいでしょう。障害者やLGBT，外国籍などの人は，受け入れてくれるのだろうかという不安もあるのではないでしょうか。

　小さい頃から，「目指せ東大！」，「東京六大学に入りたい」，関西の有名私大の代名詞でもある「関関同立がいいな」という気持ちがあったとしても，悪いわけではありません。しかし，学校のいじめや家庭内の暴力が社会問題として認識されているように，いくら業績がよい企業でも過労死が出るような労働環境や，ダイバーシティを尊重しないところで，皆さんは，働きたいでしょうか。「働きたいと思える職場」それをどう探していけばよいのか，考えていきましょう。

❖ 経営面からの調査の重要性

　就職活動の面接で，「あなたは，何のために働くのですか？」と聞かれることがあります。「食べるために，お金を稼がないといけないから」という答えが思わず口から出てしまう人もいるのではないでしょうか。実際，多くの人は，食べるために働いています。しかし，それだけでしょうか。

　ちなみに，就職活動に関するアドバイスを行なう本やウェブサイトなどを見ると，まず「働くこと」を定義して，それから定義の理由，定義に基づく経験など，そして，それをどう職場で活かしていくのかについての考えなどを簡潔に述べることが推奨されているようです。例えば，次のような答えです。

> 働くことは，自己を高め，他者の幸福を生み出すものだと考えます。なぜ，このように思うのかといえば，大学生になってから，地元の野球チームのコーチを頼まれてやっています。報酬はわずかですが，やりがいを感じます。投げ方や打ち方，守り方などを基本に沿って教えていくと，子どもたちは上達します。さらに，集中力が高まり，お互いを気遣う気持ちが強くなるなど，人間としての成長が感じられます。そうした子どもを見ていると，子どもを

幸せにしているのだなと思えます。さらに，自分も大学の勉強や就職活動を頑張ろうという気持ちも生まれてきます。このように，人が幸せと感じてもらえるように働きたいと思いますし，それが自分の成長につながると思っています。

　企業の業態や希望する職種，さらには面接の相手の価値観などが異なるので，これが模範解答だというつもりはありません。しかし，働くことに対して，お金以外の何かを述べることを期待されているから，こうした質問をされるのでしょうし，それに備えておくことは大切です。逆説的ないい方になりますが，こうした質問をされるということは，「食べるため」に働くことが自明だということです。面接官は，無償で働かせるつもりはないでしょう。ただ，自明のことをいわれても仕方がない，それ以上の何かをいえるのか，ということを聞きたいのです。
　「食べるため」に働くことが前提であるならば，きちんと報酬を支払ってくれる企業でなければなりません。一部上場だから，地元で有数の企業だから，と思われるかもしれません。しかし，1990年代の初頭のいわゆるバブル崩壊後，山一證券の廃業をはじめ，金融や証券などの大手企業が相次いで，経営危機に陥りました。数年前から，大手家電などの経営難も報じられています。「寄らば大樹の陰」といいますが，大手企業でも安住できないのが現代という時代なのです。

❖ 経営状況のリサーチ手法
　3で見たように，就職活動の対象となる企業を業種，業態の順に検討すると，いくつかの企業が具体的な候補としてあがってくると思います。この候補企業について調べる前に，新聞やインターネットなどで，業種について詳しく調べてみましょう。調べるポイントは，以下の通りです。

・どのように発展してきたか
・10年前から現在までの市場規模の変化
・市場の動向や規模
・おもな企業や企業数
・未来への展望

　「なぜ，こんなことを調べるの？」と思われるかもしれません。しかし，企業は特定の商品やサービスを提供しており，それは業種として表わされます。した

がって，業種が成長していれば，そのなかの候補企業の成長の可能性も高いといえます。逆に，成長が鈍化している，あるいは落ち込んでいる業種であれば，業種としての将来は明るいとはいえません。

ただし，個々の企業は，業種や業態を変えて生き残りを図ることもあります。新しい業種や業態に参入することもある，ということです。例えば，東レは，2016年の連結売上高が2兆円を超える大企業です。2011年に策定された長期経営ビジョン（ビジョン2020）では，地球環境問題や資源・エネルギー問題の解決に貢献する「グリーンイノベーション事業（GR事業）」と医療の質向上，医療現場の負担軽減，健康・長寿に貢献する「ライフイノベーション事業（LI事業）」の拡大などをうたっています。しかし，1926年の設立時には東洋レーヨンという社名が示すように，レーヨンを中心にした紡糸会社でした。

そうした企業経営のダイナミズムも踏まえたうえでということになりますが，上記のようなポイントをおさえて調べると，その業種の将来性も見えてきます。現代は，グローバル化やAI化が進み，ビジネス界に大きな変化がもたらされています。その業種が今後どのようになっていくのかという未来についても調べてみましょう。先輩やまわりにその業界で働いている人がいれば取材をするのも良いでしょう。

職種についても，同様のリサーチが必要です。かつて，石炭がエネルギーの中心だった時代がありました。日本では1960年代までといっていいでしょう。それまで，九州や北海道を中心に，各地に炭鉱があり，多くの炭鉱労働者が働いていました。炭鉱業のすそ野には，石炭の採掘や輸送に用いる機材や道具，衣類などの産業が広がっていました。しかし，炭鉱業の衰退とともに，これらの産業，そしてそこにある職種の多くは消え去るか，形を変えて存続するようになっています。職種にも栄枯盛衰があるのです。

業種や職種のリサーチをした後は，企業について調べていきましょう。調べ方ですが，大学のキャリア支援センターを活用する，企業のホームページや会社案内を見る，就職情報サイトを見る，新聞や書籍，ビジネス関連の雑誌を読む，OB・OG訪問や会社説明会に参加するなど，さまざまな情報源やツールを積極的に使いこなすことが大切です。

インターンシップに参加するのも，企業を知る一つの方法です。インターンシップに参加すると，志望する仕事を体験できたり，現在の自分の力を知ることができたり，人脈が広がるなどの効果を期待することができます。また，入社後のミスマッチを防ぐ可能性も期待できます。インターンシップは大学のキャリ

表 4-10　長期，短期インターンシップの特徴

	短期インターンシップ	長期インターンシップ
期間	1日から1週間程度	1か月から1年以上
特徴	1日の場合，セミナーなどで会社の説明を聞く，職場や工場見学をするプログラムが多い。スケジュールが組みやすく参加しやすい。複数の企業に参加することもできる。 1週間程度の場合は，業務体験やグループワークなどに取り組むことができる。選考の条件が厳しく倍率が高い場合がある。	実際に業務を長期にわたり体験できるので，基礎知識をつけ社員のようなイメージで働くことができる。一つではなく，さまざまな職種体験ができる場合もある。 長い時間を割くことになるので，スケジュール調整や学業との両立が難しい。

（出所）　各種の資料から筆者が作成

ア支援センターに問い合わせて申し込むか，企業のホームページに応募方法が記載されていたりします。インターンシップとは，もともと医学生が病院などで研修を積む仕組みを指すことばでした。しかし，1990年代から徐々に企業や行政，そしてNPOなどにも広がってきました。

　医学生が病院で研修を受けたということから推察できるように，本来は，学生が学んでいる専門にそった職業体験ができる制度です。現在では，より幅広い意味合いに使われています。期間は，短期，長期があります。**表4-10**は，短期，長期インターンシップの特徴をまとめたものです。それぞれ特徴があるので自分に合ったものを選ぶようにしてください。最近では，短期間のインターンシップを実施する企業が増えており，学生側からするとスケジュールが組みやすく参加しやすいので，取り入れやすいのではないでしょうか。

　企業研究をする際，お勧めしたいのが，企業研究ノートを作ることです。普通の大学ノートでかまいませんので，調べた企業の情報はノートにまとめておきましょう。企業研究ノートを作成すると，志望する企業の絞り込みを行なう際に役立つだけではなく，就職活動で面接の前に見て企業情報のおさらいができるなど大変便利に使えます。せっかく企業のことを調べても，ノートにまとめておかないと，「この会社の経営理念は何だったかしら」と，情報があやふやになってしまいます。時間のないときに，もう一度，一から調べなおすのは大変です。実際，企業説明会や選考がはじまると，いくつもの企業の面接を受けることになります。選考がはじまる前の比較的時間のゆとりがあるときに，企業研究ノートの作成をしておきましょう。**Work Sheet 1** に，自分が興味のある業界の企業を調べてまとめてみてください。**Sample Work Sheet 1** は企業研究ノートのまとめ方の例です。難しい場合は，こちらを参考にしてください。

● Work Sheet 1　企業研究ノートのまとめ

企業名	
業種	
所在地	
連絡先	
事業内容	
設立	
資本金	
代表者氏名	
売上高	
経営利益	
従業員数	
採用人数	
採用時期・方法	
経営理念	
CSR活動など	
沿革	
メモ	

● **Sample Work Sheet 1**　企業研究ノートのまとめ方の例

企業名	株式会社〇〇〇
業種	化粧品
所在地	〒〇〇〇-〇〇〇〇　東京都〇区〇〇-〇
連絡先	〇〇〇-〇〇〇-〇〇〇〇
事業内容	化粧品の製造，販売
設立	19××年
資本金	1億5000万円
代表者氏名	代表取締役社長〇〇〇〇〇
売上高	100億〇〇万円
経営利益	10億〇〇万円
従業員数	5000人
採用人数	80名
採用時期・方法	3月から会社説明会を開催→筆記試験・一次面接→二次面接→三次面接→内定
経営理念	世界中の人に良い商品と安心と幸せをお届けする
CSR活動など	〇〇支援，〇〇セミナー開催，〇〇大学の学生と〇〇の活動
沿革	19××年，〇〇〇〇が創業 19××年，化粧品の製造販売を開始 19××年，〇〇社と技術提携 20××年，本社を〇〇に移転
メモ	創業以来連続売上増 新商品〇〇の売り上げがアジア諸国でも好調 社内研修が充実している ダイバーシティの取り組みで評価されている

❖ 企業の「共に生きる」度のリサーチ

　企業の経営状況を調べることは，非常に重要といえます。入社したら，会社が傾いていた，間もなくリストラがはじまった，という状態に陥りたくないのは，ごく自然な心理でしょう。そのためには，損益計算書，貸借対照表，株主資本等変動計算書などの財務諸表を見るとよいでしょう。

　もちろん読み方がわからなければ，数字が並んでいるだけ，ということになってしまうので，ある程度の知識が必要です。上場企業に限定されますが，東洋経済新報社が出版している「会社四季報」は，企業の財務状況を把握するための便利なツールといえます。

　では，本書のテーマである「共に生きる」ことに関して，企業などがどの程度熱心であるのか，いわば「共に生きる」度は，どのようにしたらわかるのでしょうか。株式会社の財務状況のデータのように，法律（会社法）によって開示が義務付けられているわけではないので，容易ではありません。

　最も容易なのは，会社のウェブサイトから，「共に生きる」に関連した内容を探してみることです。しかし，問題があります。例えば，「本社は，女性の登用を積極的に進めています」と書かれていたとしても，「積極的」について定義されているわけではないでしょう。つまり，こうした「社会的な内容」は，企業にとっては対外的なPRの意味合いも強いので，企業の主観的な判断に基づいている可能性が強いのです。

　とはいえ，PRだったとしても，第三者的な内容が示されている場合もあります。例えば，ソニー株式会社は，ウェブサイトの「CSR・環境・社会貢献」のなかに，「ダイバーシティ&インクルージョン」というコーナーがあり，施策や活動について紹介しています。さらに，ダイバーシティに関連した受賞歴も示しています。厚生労働省のイクメン企業アワード，日経ウーマンの女性が活躍する会社Best 100，東洋経済新報社のダイバーシティ経営大賞などがそれです。

　このようなアワードが出されているということは，ソニーという一企業にとっては，ダイバーシティを尊重する企業としてのイメージアップにつながるでしょう。のみならず，社会的に見れば，政府や民間がさまざまな形で「共に生きる」企業像を推進しようとしていることでもあります。したがって，こうしたアワード的なものに目を向けるようにしていけば，就職活動の対象とする企業などが「共に生きる」ことに熱心なのかどうか，判断できると思います。

　このような考えから，政府や民間が行なっている「共に生きる」に関連したアワード・プログラムについて，**表4-11**にまとめてみました。ご参照ください。

表4-11 「共に生きる」に関連したアワード・プログラムなど

実施団体	アワード名	参考ウェブサイト
経済産業省	新・ダイバーシティ経営企業100選	http://www.meti.go.jp/policy/economy/jinzai/diversity/kigyo100sen/index.html
経済産業省	なでしこ銘柄	http://www.meti.go.jp/policy/economy/jinzai/diversity/nadeshiko.html
厚生労働省	イクメン企業	https://ikumen-project.mhlw.go.jp/
厚生労働省	均等・両立推進企業	http://positive-ryouritsu.mhlw.go.jp/award/
厚生労働省	障害者雇用優良事業所	http://www.mhlw.go.jp/stf/houdou/0000175523.html
日本経済新聞社	NICES女性活躍ランキング	http://andomitsunobu.net/?p = 11339
日本経済新聞社	働きやすい会社ランキング	http://rank.in.coocan.jp/hatarakiyasui/main.html
日経ウーマン	女性が活躍する企業Best100	http://wol.nikkeibp.co.jp/atcl/column/15/031700061/050900020/
カタリスト・ジャパン	カタリスト特別賞	http://www.catalyst.org/japan-japanese
ワークライフバランス推進会議	ワークライフバランス大賞	http://www.jisedai.net/wlbtaishou/2013/soshiki.php

（出所） 各種の資料から筆者が作成

6　企業以外での仕事や働き方

　これまで，企業で働くことを想定して，業種，業態，職種について考えたうえで，就職活動の具体的な対象となる企業について検討してきました。しかし，さまざまな働き方があるように，働く先も企業だけではありません。こういうと，「教員や公務員もあるよね」という声が聞こえてきそうです。たしかに，教員や公務員は，一般的に企業で働くこととは違うと思われているようです。

　では，企業以外で働くという場合，教員や公務員以外にはないのでしょうか。「そういえば，主婦や主夫も職業といわれているよね」と思いつく人もいるでしょう。ただし，アンペイドワークといわれるように，主婦や主夫は，報酬をえ

ることが前提とされていません。「家庭内のボランティア」ともいうべき存在です。では，民間の非営利組織，いわゆるNPOはどうでしょう。「同じボランティアじゃないんですか」といわれそうですが，有給の職員を雇っているNPOも少なくありません。また，企業と遜色のない報酬や労働条件のNPOもあります。

　企業やNPOで働く場合，通常，「雇われる」形になります。しかし，起業家やフリーランスで働く人も少なくありません。起業家とは，企業やNPOを立ち上げて，運営する人のことです。フリーランスは，通訳や翻訳，編集，コンサルティングなど，専門性の高い仕事を顧客から直接依頼され，仕事を行なうことをいいます。いわゆる就職活動とは異なりますが，キャリアプランニングという観点からいえば，このような企業以外の仕事や働き方についても知ることが大切です。

❖ 公務員や教員

　公務員には，国家公務員と地方公務員の二つがあります。採用先が国の機関で国全体に関する仕事をするのが国家公務員，都道府県や市町村など地方自治体に関する仕事をするのが地方公務員です。公務員になるには，どのような職種を目指すのかを決め，計画的に勉強をし，公務員試験に合格しなければいけません。

　「お役人」といわれるように，国家公務員にせよ，地方公務員にせよ，「お役所」である省庁や市役所などで事務作業をおもな業務にしている人びとと思われがちです。しかし，公務員には，多種多様な職種があります。**表4-12**は，公務員の職種の分類です。ご覧いただくとおわかりのように，「お役人」にあたる事務系だけでなく，資格や技術をもつ専門家も少なくありません。したがって，公務員を目指している人以外も，自分の希望する仕事が公務員のなかにある場合があるので，企業と合わせて公務員の情報も収集することも考えられます。

　なお，**表4-12**で示した公務員は，一般職といわれるものです。これらとは別に，特別職というカテゴリーがあります。公務員のうち，選挙によって就任する国会議員や地方議会の議員，知事，市長などに加え，裁判官や国会職員のように，立法府や司法府の職もあります。これらについては，選挙や任用など通常の就職とは異なるので，関心のある人は，それぞれの仕事に応じて調べてみてください。

　「先生になりたい」という人も少なくないでしょう。公式には教育職ですが，小中高の公立学校であれば，基本的に地方公務員という立場です。ただし，任命権者は，市町村などではなく，教育委員会になります。いうまでもないと思いますが，公立学校の教員をめざす場合は，それぞれの市町村などの教員試験を受け，

表 4-12 公務員の主な職種の分類

資格系	事務系	技術系	公安系
医師，獣医師，看護師，保健師，学芸員，栄養士，管理栄養士，保育士など	行政事務職，税務，学校事務，衆議院事務局職員，参議院事務局職員，裁判所事務官など	電気，機械，化学，電子，土木，建築，環境などの技術が伴う職	警察官，海上保安官，刑務官，消防官，入国警備官，皇宮護衛官，法務教官など

（出所）各種の資料から筆者が作成

合格しなければなりません。なお，地方公務員の教員の大半は，学校の教員ですが，青年の家などの社会教育施設で働く場合もあります。また，私立学校の場合は，その学校を設置した学校法人に雇われることになります。

キャリアプランニングとの関係で公務員や教員を考える場合，最も重要なことは，一般の大手や中堅以上の規模をもつ企業と異なり，異動がないか，あっても地理的な範囲が限られていることがあります。例えば，京都市の公務員は，京都市内で働くと考えていいでしょう。このため，親元の実家やその周辺で生活したいというような希望がある場合，一般の企業ではなく，公務員や教員を志望する場合もあるでしょう。なお，教員は休みが多く，公務員も定時に帰宅できるので楽だと思われがちですが，教員や公務員の過重労働が問題になっており，現実は必ずしも「楽」とはいえません。

❖ 雇用の場としての NPO や NGO

「困っている人の役にたちたい」「国内や国外の問題の解決に向き合いたい」などの理由から，近年，NPO や NGO で働きたいと考えている人が増えています。

NPO とは Nonprofit Organization の略で，非営利団体のことをいいます。慈善活動や社会貢献活動を行なうボランティア団体や市民団体で，法人格を得た団体のことを指します。日本で NPO 団体が増え注目されだしたのは，1995 年の阪神・淡路大震災からです。

1998 年に NPO 法（特定非営利活動促進法）が成立したことにより，それまで法人格を取得することが困難であった市民団体が相次いで法人になりました。現在，全国で 5 万余りの団体が存在しています。詳細は，内閣府がポータルサイト（https://www.npo-homepage.go.jp/）を作成しているので，それをご覧いただくといいでしょう。また，インターンシップを含め，NPO で働きたいという人のために，NPO の転職，就職情報サイトがあります。NPO Job という名称ですが，こ

こも独自のウェブサイト (http://npojob.com/) があります。

NGO とは Non-Governmental Organization の略で，国際協力に関する非政府組織，民間団体のことです。もともと，国連の経済社会理事会に対し，協議資格をもつ民間団体を指していましたが，今日では NPO のうち国際協力活動をおもな事業にしている団体全般をいうようになっています。世界各地で開発の援助や人道支援，環境保全などの活動を行なっています。また，積極的に政府 ODA に提言も行なっています。

NPO，NGO の仕事は，「社会に貢献できる仕事がしたい」という思いが強い人には魅力的ですが，実際に働くとなると大変な面も多々あります。できれば，インターンとして働いてみてから考えるなど，できるだけ情報収集を行ない，働く目的や環境などをよく理解することが大切です。

✤ 起業家，フリーランスという生き方

起業とは，新しく事業を起こすことです。現代のように働き方が多様化する時代では，起業することも視野に入れて考える必要があります。アメリカでは優秀な学生ほど起業するといわれていますが，日本では，大学卒業後に起業する学生は少なく，大手企業に就職するケースがほとんどです。しかし，数年もすれば増えてくるかもしれません。とはいえ，起業には自分のやりたいことをやりきる強い意志が必要となります。

社会経験が少ない学生の皆さんが就職ではなく，起業をめざすことは挑戦的ではあっても，容易ではありません。将来の起業を見据え，数年は企業などで働き，経営のノウハウを培ってからはじめるのが現実的といえるでしょう。なお，最近では，政府や自治体，金融機関などが若者の起業を支援するようになってきています。これらについても，中小企業 (http://www.chusho.meti.go.jp) や日本政策銀行 (https://www.jfc.go.jp/n/finance/sougyou/) などが取り組んでいるので，ウェブサイトなどを参考にしてください。

フリーランスとは，特定の企業や団体，組織に所属せず，専門性の高い能力が求められる知識や技能を提供するにあたり，個人や法人と契約を結んで業務を請け負う，個人事業主または個人企業法人を指します。プログラマーや作家，ライター，ジャーナリスト，イラストレーターなどにフリーランスで活躍する人が多くいます。このように，特定の能力がないとできないことが多いので，起業と同様に，就職活動の代わりとはいかないでしょう。しかし，ウェブサイトで「フリーランス　支援」などで検索すると，いくつものサイトが出てくるので，興味

のある人は見てください。

(1) https://www.mhlw.go.jp/toukei/saikin/hw/life/22th/dl/22th_02.pdf（2018 年 7 月 23 日最終アクセス）

第5章

将来に向けた自己分析・自己理解

「皆さん，はじめまして。この授業を担当する平岩です。授業をはじめる前に，皆さん，自己紹介をしていただけますか」。

こういわれたとき，あなたは，どのように自己紹介をしますか。

「私は，田中綾香です。大阪の高校を出て，この短期大学に入学しました。この授業でしっかりキャリアについて勉強して，化粧品会社に入社し美容部員になる夢につなげたいと思います」。

田中さんは，このように自己紹介しました。この自己紹介，皆さんは，どのように感じましたか。田中さんが大阪の高校を卒業したこと，そして将来，美容部員になりたいという夢をもっていることは，わかったと思います。ただ，どういう性格なのか，趣味は何なのか，といった内面については，わかりませんね。

自己紹介で，自分をPRするには，そうした内面を示すことは大切です。例えば，積極的な性格で，阪神タイガースのファンであるとか……。こうした情報により，他の人が関心をもってくれたり，友達になろうとしたりしてくれる可能性が高まるからです。

それでは，田中さんの自己紹介を少し分析してみましょう。現在は，短期大学生，過去は大阪の高校の生徒，そして将来は美容部員になる夢，という具合に，過去，現在，未来を盛り込んだ紹介になっています。

本書の目的である，キャリアプランニングを行なうには，こうした自身の過去と現在を分析することが必要です。そのうえで，将来を考える，ということになります。とはいえ，自分が何者であるのか，ということは，単に過去や現在の高校や大学といった所属する組織の名称だけで語れるものではありません。性格などの内面も検討することが必要です。

こうしたことを，キャリアプランニングにおいては，自己理解に基づく，自己分析と考えることができます。では，どうやって，自分自身を理解し，そして分

析し，将来，こうなりたいという自分の像に近づけていったら良いのでしょうか。この章では，こうしたキャリアプランニングのベースになる，自己理解と自己分析について，考えていきましょう。

1　過去の自分を振り返る

「過去を振り返っても，過ぎた時間は戻ってこないから，後ろを見ない」。
　このように考える人もいるかもしれませんが，キャリアプランニングを考えるには，過去の自分を振り返り，見つめ直しておくことが不可欠です。なぜなら，過去の自分が現在の自分をつくっていて，現在の自分をベースに，将来のキャリアプランニングを考えることができるからです。
　では，キャリアプランニングにおいては，どのようにして過去を振り返るのが良いのでしょうか。ライフラインの作成は，過去の事象から自分の興味や価値観などを明確にすることにつながる便利な手法です。以下，ワークを通じて，ライフラインを作成してみましょう。
　ライフラインとは，人生満足度曲線ともいわれ，誕生から現在までの幸福度を折れ線グラフで表わしたものです。
　「では，皆さん，ライフラインを作成してください」。
　突然，こういわれても，「エー！」となってしまう方が多いのではないでしょうか。ライフラインに書き込むことになる過去の事象は多種多様です。これらを一度整理してからでなければ，混乱して，良いライフラインは書けないでしょう。
　ということで，まず，自分の過去にどんな良いことや楽しかったこと，逆に悪いことや嫌なことがあったのかを思い出してみてください。自分の過去を振り返り，できるだけ多くのことを思い出し，Work Sheet 2 に記入してみましょう。わからない場合は，Sample Work Sheet 2 を参考にしてください。悪いことや，嫌なことは思い出したくないかもしれませんが，無理のない範囲で，やってみてください。

● Work Sheet 2　過去の自分の振り返り

時期	良かったこと・楽しかったこと	悪かったこと・嫌だったこと
幼児期	・ ・ ・ ・	・ ・ ・ ・
小学校時代	・ ・ ・ ・	・ ・ ・ ・
中学校時代	・ ・ ・ ・	・ ・ ・ ・
高校時代	・ ・ ・ ・	・ ・ ・ ・
大学入学以降	・ ・ ・ ・	・ ・ ・ ・

● Sample Work Sheet 2　過去の自分の振り返り

時期	良かったこと・楽しかったこと	悪かったこと・嫌だったこと
幼児期	・弟が生まれた ・遠足のいちご狩りが楽しかった ・お絵描きでほめられた ・	・幼稚園に馴染めなかった ・大好きなぬいぐるみを無くした ・ ・
小学校時代	・親友ができた ・絵画のコンクールで優勝した ・家族旅行でグアムに行った ・犬を飼った	・引っ越しで友達と別れた ・算数が苦手だった ・祖父が亡くなった ・
中学校時代	・テニス部に入った ・尊敬する先輩ができた ・検定試験に受かった ・	・足を骨折し入院をした ・部活でレギュラーになれなかった ・親友と大喧嘩をした ・成績が下がった
高校時代	・生徒会の役員になった ・バイトをはじめた ・たくさん友達ができた ・	・第一希望の高校に落ちた ・好きな男の子にふられた ・愛犬が死んだ ・
大学入学以降	・第一希望の大学に受かった ・彼氏ができた ・ダンスサークルに入った ・バイトで昇格した	・資格試験に落ちた ・ ・ ・

第 5 章　将来に向けた自己分析・自己理解

❖ ライフラインの作成

　では次にWork Sheet 2 で記入したことをもとにライフラインを作成していきましょう。Sample Work Sheet 3 を参考にして，Work Sheet 3 をやってみてください。グラフの横軸が時間軸（左が幼児期，右に行くに従い年齢があがる），縦軸が満足度のレベルをプラスとマイナスで設定しています。過去の自分を振り返って印象に残る事象を線でつないでいきます。事象やそのとき感じたことなど詳しい内容はグラフに記入します。Work Sheet 2 で書き出したなかから，特に印象に残る出来事を選び記入し，線でつないでみてください。

● Work Sheet 3 ライフライン

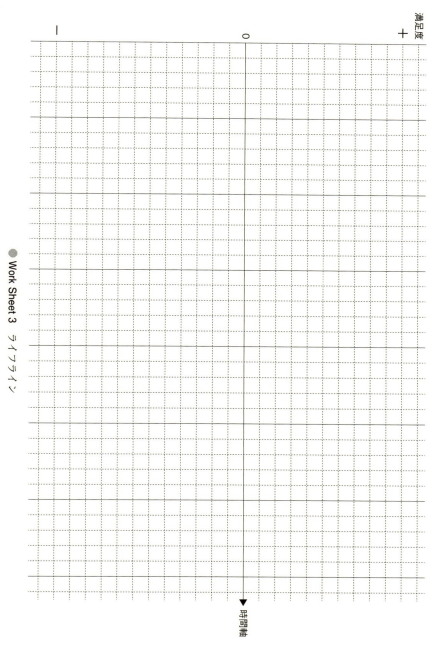

第 5 章　将来に向けた自己分析・自己理解

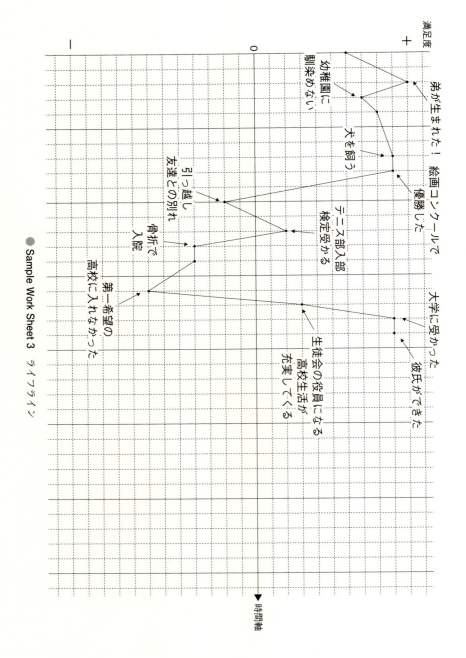

❖ 結果を客観的に見る

　作成したライフラインから，満足度が高いとき，低いときを見てとることができます。結果をできるだけ客観的に見てみましょう。あなたの満足度が高いとき，低いときはどんなときでしたか。たくさんの友達に囲まれて，人とのコミュニケーションが上手くいっているときに満足感を得る人もいるでしょう。また，資格試験や受験に合格したときなど，目標を達成したときに充実感を覚える人もいるでしょう。どういうときに自分が満足しているか，していないかの共通点を見出し，自分の価値観などの特徴を見つめてみましょう。

　あなたの満足度が高いとき，低いときの出来事を，人との関係に関すること，目標の達成に関すること，その他に分類し，**Work Sheet 4**に書き出してみてください。過去の自分の興味や価値観などを客観的に考えることは，現在や未来の自分の生き方のヒントになり，役立てることができるのではないでしょうか。

● **Work Sheet 4**　ライフラインの結果

	満足度が高いとき	満足度が低いとき
人との関係に関すること		
目標の達成に関すること		
その他		

ライフラインを作成したことからいろいろな出来事を思い出し，過去を振り返ることができたと思います。
　これまでに困難はありましたか。あった場合，それはどんな困難でしたか。あなたはそのとき，どのように困難を乗り越えてきましたか。そして，その経験から学んだことは何ですか。Work Sheet 5 に記入してみましょう。

● Work Sheet 5　困難を乗り越えて学んだこと

（どのような困難でしたか）

⇩

（どのように解決しましたか）

⇩

（その経験から学んだことは何ですか）

2　現在の自分と向き合う

次に現在の自分と向き合ってみましょう。「自分に向き合うって，どういうこと？」と思う人がいるかもしれません。自分に向き合うとは難しく感じるかもしれませんが，現在の自分と向き合う方法はいくつかあります。以下，紹介していきます。

❖ エゴグラムとは

皆さんはエゴグラムを知っていますか。エゴグラムとは，現在の自分の自我を認識するための方法の一つで，精神科医であるエリック・バーン（Eric Berne）が創始した「交流分析」をもとに作られた性格分析手法です。人の性格を五つの領域にわけ，分析することができます。エゴグラムでは，人の心の中には3種類の自我状態があると考えられています。図 5-1 に示したように，P は親の自我状態，A は大人の自我状態，C は子どもの自我状態です。それをさらに分類したものが五つの自我状態です。

五つにわけられる自我状態は，CP（Critical Parent：批判的な親），NP（Nurturing Parent：養育的な親），A（Adult：大人），FC（Free Child：自由な子ども），AC（Adapted Child：従順な子ども）があり，以下のような内容を表わしています。

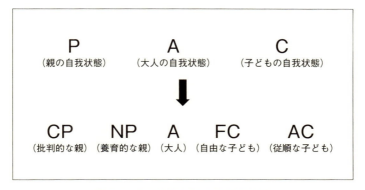

図 5-1　エゴグラムの五つの自我状態

（出所）　各種の資料より筆者が作成

- CP……責任感，正義感，良心，道徳心，リーダーシップなど
- NP……思いやり，共感性，受容性，寛容性，面倒見のよさ，優しさなど
- A……論理性，理性，知性，判断力，安定性，現実を受け止める力など
- FC……自由奔放，創造性，好奇心，直観力，愉快，天真爛漫など
- AC……素直，協調性，忍耐力，礼儀正しい，受身的，従順など

❖ エゴグラムの作成

それでは，エゴグラムを作成してみましょう。次ページの **Work Sheet 6** を見てください。CP，NP，A，FC，ACの5領域に関する質問が10問ずつ，合計50問あります。各質問について，○（はい），×（いいえ），△（どちらでもない）で答えてください。○は2点，×は0点，△は1点として，領域ごとに集計してください。答えを得点化したら，それぞれを線で結び，折れ線グラフを作成します。

グラフを見ると，自分はどの部分が強くどの部分が弱いのかを，客観的に理解することができます。ところで，この本のテーマは，「共に生きる」です。自分と違う人種や民族，性別，障害の有無，性的志向，宗教や文化的な価値観など，「自分と違うな」と感じる人びとと「共に生きる」ということです。そうした生き方を受容しやすい人は，エゴグラムの五つの領域で見ると，NPにある「共感性」，「受容性」，「寛容性」などが強い人のように感じられるかもしれません。これらの項目に関して，皆さんは，どのような結果だったでしょうか。

このように，エゴグラムは，現在の自分の自我状態を把握するのに役立ちます。そして，皆さんの長所を活かし，短所を補う方法を考えるヒントとして活用することもできるのです。

● Work Sheet 6　エゴグラム

それぞれの質問について，「はい」には2点，「いいえ」には0点，「どちらでもない」には1点を記入してください。

CP	質問内容	点
1	あなたは何ごともきちっとしないと気がすまないほうですか。	
2	人が間違ったことをしたとき，なかなか許しませんか。	
3	自分を責任感の強い人間だと思いますか。	
4	自分の考えをゆずらないで最後までおし通しますか。	
5	あなたは礼儀，作法についてやかましいしつけを受けましたか。	

6	何ごともやりだしたら最後までやらないと気がすみませんか。	
7	親から何か言われたらその通りにしますか。	
8	「ダメじゃないか」「…しなくてはならない」という言い方をしますか。	
9	あなたは時間やお金にルーズなことが嫌いですか。	
10	あなたは親になったとき，子どもをきびしく育てると思いますか。	
合計		

NP	質問内容	点
1	人から道を聞かれたら，親切に教えてあげますか。	
2	友達や年下の子どもをほめることがよくありますか。	
3	他人の世話をするのが好きですか。	
4	人の悪いところよりも，よいところを見るようにしますか。	
5	がっかりしている人がいたら，なぐさめたり元気づけてやりますか。	
6	友達に何か買ってやるのが好きですか。	
7	助けを求められると，私にまかせなさい，と引き受けますか。	
8	誰かが失敗したとき，責めないで許してあげますか。	
9	弟や妹，または年下の子をかわいがるほうですか。	
10	食べ物や着る物のない人がいたら，助けてあげますか。	
合計		

A	質問内容	点
1	あなたはいろいろな本をよく読むほうですか。	
2	何かうまくいかなくても，あまりカッとなりませんか。	
3	何か決めるとき，いろんな人の意見を聞いて参考にしますか。	
4	初めてのことをする場合，よく調べてからしますか。	
5	何かする場合，自分にとって損か得かよく考えますか。	
6	何か分からないことがあると，人に聞いたり相談したりしますか。	
7	体の調子が悪いとき，自重して無理しないようにしますか。	
8	お父さんやお母さんと，冷静に，よく話し合いますか。	
9	勉強や仕事をテキパキと片づけていくほうですか。	
10	迷信や占いなどは，絶対に信じないほうですか。	
合計		

FC	質問内容	点
1	あなたは，おしゃれが好きなほうですか。	

		質問内容	点
	2	皆とさわいだり，はしゃいだりするのが好きですか。	
	3	「わあ」「すげえ」「かっこいい！」などの感嘆詞をよく使いますか。	
	4	あなたは言いたいことを遠慮なく言うことができますか。	
	5	嬉しいときや悲しいときに顔や動作に自由に表わすことができますか。	
	6	ほしい物は，手に入れないと気がすまないほうですか。	
	7	異性の友人に自由に話しかけることができますか。	
	8	人に冗談を言ったり，からかったりするのが好きですか。	
	9	絵を書いたり，歌をうたったりするのが好きですか。	
	10	あなたはイヤなことをイヤと言えますか。	
合計			

AC		質問内容	点
	1	あなたは人の顔色を見て，行動をとるようなくせがありますか。	
	2	イヤなことはイヤと言わずに，おさえてしまうことが多いですか。	
	3	あなたは劣等感が強いほうですか。	
	4	何か頼まれると，すぐやらないで引き延ばすくせがありますか。	
	5	いつも無理をして，人からよく思われようと努めていますか。	
	6	本当の自分の考えよりも，親や人の言うことに影響されやすいほうですか。	
	7	悲しみやゆううつな気持ちになることがよくありますか。	
	8	あなたは遠慮がちで消極的なほうですか。	
	9	親のごきげんをとるような面がありますか。	
	10	内心では不満だが，表面では満足しているように振舞いますか。	
合計			

（出所）　中村和子・杉田峰康著『わかりやすい交流分析』1984年

以上の5領域の「合計点」を以下に書き写してください。

	CP	NP	A	FC	AC
得点					

次に，それぞれの得点を線で結び，折れ線グラフを作成してください。

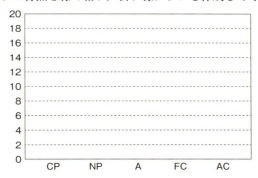

折れ線グラフは大きく7種類のタイプにわけることができます。あなたはどのタイプに近いですか。特定のタイプにぴったり，という人もいると思います。しかし，どのタイプとも少しずつ違うと思われるかもしれませんが，ここではいずれかのタイプに該当するという前提で考えられたのがエゴグラムですので，最も近いものがご自身のタイプだと考えてください。

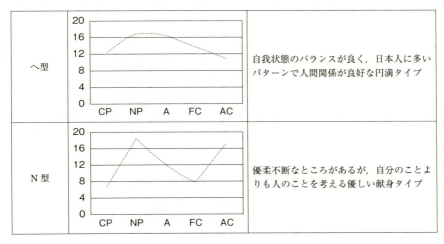

へ型		自我状態のバランスが良く，日本人に多いパターンで人間関係が良好な円満タイプ
N型		優柔不断なところがあるが，自分のことよりも人のことを考える優しい献身タイプ

第5章 将来に向けた自己分析・自己理解　　133

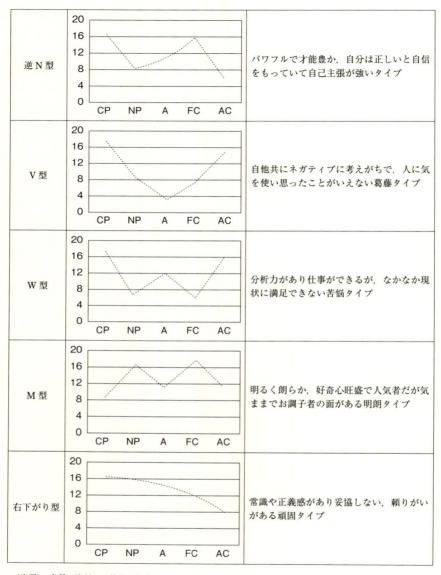

（出所）各種の資料から筆者が作成

❖ 現在の自分の長所

　先ほどやっていただいたエゴグラムは，心理学の研究から生まれたものです。

タイプにわけるにあたって，50の質問に答えていただきました。したがって，それなりに妥当性があると考えられます。とはいえ，自分の思っていることとぴったりという人もいるでしょうが，大なり小なり「違うなぁ」と感じる人もいると思います。

　そこで，ここでは，エゴグラムで判断されたタイプを念頭に置きつつ，ご自身の現在の長所を考えてみることにしましょう。自分自身がこう思っている，あるいはよく親や友人からこういわれるというような，いわば主観的，あるいは経験上の判断に基づく分析です。こうしたことを前提にして，あなたが考える自分の良い所や自分の強みをWork Sheet 7 に記入してください。思いつくままで良いので，できるだけ多く記入してみましょう。

　「自分の良い所がわからない。なかなか思いつかない」という人は，表5-1 に，良い所や強みの表現の例を記していますので，参考にしてみてください。例を見て，自分にあてはまるものや近いものを考えてみましょう。

　なお，良い所や強みというのは，悪い所や弱みと表裏一体の関係にあることが少なくありません。例えば，「積極的」は長所と捉えられることが一般的でしょう。しかし，「積極的」ではなく，「図々しい」とか「厚かましい」とみなされる

● Work Sheet 7　自分の良い所・強み

第5章　将来に向けた自己分析・自己理解

表 5-1　自分の良い所・強みの例

行動力がある	落ち着いている	集中力がある
意思が強い	リーダーシップがある	逆境に強い
責任感がある	努力家である	決断力がある
面倒見が良い	チャレンジ精神がある	継続力がある
協調性がある	負けず嫌いである	正義感が強い
計画性がある	柔軟性がある	思いやりがある
想像力がある	好奇心旺盛である	主体性がある

（出所）　各種の資料から筆者が作成

● Work Sheet 8　自分の長所

私の長所は　　　　　　　　　　　　　　　　　　　です。
（長所を具体的に説明できるエピソードを考えてみましょう。）

こともあります。したがって，「図々しい」とか「厚かましい」といわれたからといって，短所だけとみなす必要はありません。「自分は積極的なんだ」と捉えることもできるのです。このように，ここでは，自分の性格をよりポジティブに捉えながら，考えてください。

　学生の皆さんにとって，キャリアプランニングとして最初に直面する大きな場面として，就職が考えられます。自分の良い所や自分の強みは，そのまま自分の長所として，就職面接などで自己PRに使用することができます。では，どのようにして，自分の長所を就職面接の自己PRに使うようにしたら良いのでしょう

● **Sample Work Sheet 8**　自分の長所の例

> 私の長所は，協調性がありチームワークを大切にできるところです。
> （長所を具体的に説明できるエピソードを考えてみましょう。）
> 　現在，大学で学生会の役員をしています。学園祭のプログラムを企画する際は，多くの人のどんなに小さい意見にも耳を傾け，話し合いを何度も重ねるようにしました。コミュニケーションを常に取ることで全員の協力がえられ，新しいプログラムを成功させることができました。このような経験からチームワークの大切さを学ぶことができました。

か。ポイントの一つは，自分の長所を具体的に説明できるエピソードを添えることです。これにより，より相手に自分の長所が伝わります。**Sample Work Sheet 8** を参考に，**Work Sheet 8** に書いてみましょう。

3　将来の自分のイメージづくり

　1と2を通じて，皆さんは，過去の自分を振り返り，現在の自分と向き合うことができたと思います。では，次に，将来の自分をイメージしてみましょう。
　第3章で，ドナルド・E・スーパーのライフロールについて紹介しました。スーパーのいうライフロールとは，人生における役割を意味し，キャリアが人生のいくつかの段階における場面でのさまざまな役割の組み合わせであることを重要視しています。**表5-2**は，人生の段階に応じた役割とその役割の説明です。

❖ ライフロールの検討

　現在，あなたは，それぞれの役割のどれに，いくつ該当していますか。自分は学生，とだけ考えているかもしれません。しかし，通常，複数の役割を演じています。
　例えば，田中綾香さんの場合を考えてみましょう。田中さんは，短期大学生なので学生の役割と，ご両親がいるので，子どもの役割，テニスサークルに所属し

表5-2 ライフロール

役割	役割の説明
子ども	親に育てられている，または，子どもとして親の面倒をみている。
学生	学校で学習する。スキルや技術を身につけるなども含む。
余暇人	趣味や好きなことなど，余暇の活動に時間や労力を費やす。
市民	地域活動や社会活動に参加する。
職業人	有給で働いている。
家庭人	家庭を築く，家事，育児など家庭の役割をになう。

（出所）　各種の資料から筆者が作成

表5-3 ライフイベント例

誕生	入学	卒業	就職
転職	昇進	退職（リタイア）	結婚
出産	子育て	家の購入	車の購入
離婚	転居	親の介護	親の死
子どもの結婚	子どもの出産	旅行	死

（出所）　各種の資料から筆者が作成

ているので余暇人の役割も該当しています。また，学校の近くのカフェでアルバイトをしているので，職業人の役割もあります。このように，人はいくつかの役割をはたしています。

　次に，将来の自分についても想像してみましょう。**Sample Work Sheet 9**の田中さんの例を参考にして，**Work Sheet 9**に，現在，25歳，35歳，45歳，55歳，65歳以降の自分のライフロールについて，想像して記入してください。

　将来の自分の姿を考える際，ライフイベントが重要になってきます。**表5-3**はおもなライフイベントを記したものです。ライフイベントとは，その名のとおり，人生での出来事のことです。人が生まれて死ぬまでの間には，さまざまな出来事が発生します。それをライフイベントと呼んでいます。将来の自分の姿は，ライフイベントを考えながら想像するとイメージが膨らむのではないでしょうか。**Work Sheet 9**を作成する際に，参考にしてください。

● Work Sheet 9　現在と将来のライフロール

役割	現在	25歳	35歳	45歳	55歳	65歳以降
子ども						
学生						
余暇人						
市民						
職業人						
家庭人						

第5章　将来に向けた自己分析・自己理解

● Sample Work Sheet 9　田中綾香さんの現在と将来のライフロール

役割	現在	25歳	35歳	45歳	55歳	65歳以降
子ども	子ども	子ども	子ども	子ども	子ども 親の介護	子ども 親の介護
学生	短期大学生		資格取得のスクールに通う			
余暇人	テニスサークルに所属	趣味でテニスを続ける		趣味でテニスを再開する	趣味でテニスを続ける	
市民				子どもと一緒にボランティアに参加		ボランティア活動を再開する
職業人	カフェでアルバイト	仕事（就職している）	仕事（資格を活かした仕事に転職）	仕事（資格を活かし起業する）	仕事	退職
家庭人			妻，母親（結婚，出産している）	妻，母親	妻，母親（子どもが二人とも結婚）	妻，母親（夫婦二人で生活する）

4　自分をより良く知るためのグループディスカッション

　いままでに，将来の自分の姿を具体的に想像したことがある人もいれば，はじめてだった人もいるかと思います。Work Sheet 9 を仕上げて，あなたはどのような印象を受けましたか。過去から現在までと将来についての自分の考えに，何か変化がありましたか。

　このように聞かれると，「はい！」という人だけではなく，「うーん」と考え込んでしまう人もいると思います。自分で調べて考えることは大切です。しかし，自分だけで自分のことがよくわかるとは限りません。そこでお勧めしたいのが，グループディスカッションです。

　とはいえ，グループディスカッションは，一人ではできません。この本を大学などの授業で用いている場合は，そのクラスで他の学生とディスカッションすることが推奨されるでしょう。では，たまたま本屋さんで見つけて購入した人はど

うしたらいいでしょうか。その場合は，大学の友達に勧めて，Work Sheet 9 を作成してもらい，一緒にやってみることなどが考えられます。

　そんな人はいない，という場合もあるかもしれません。とはいえ，グループディスカッションについて学んでおくことは大切です。なぜなら，最近では就職活動時にグループディスカッションを取り入れる企業が多くなっているからです。これにより，面接だけでは見えにくい，「まわりと協力する力」や「役割をはたしチームに貢献する力」などを見たい，というのが採用する側の考えです。

❖ グループディスカッションの進め方

　では，グループディスカッションとは，どんなものなのでしょうか。その名のとおり，集団で討論をすることです。あるテーマについて，複数の人からなる各グループ内で討論をして結論を発表しあいます。就職面接だけではなく，皆さんが就職した場合，企業でもグループディスカッションは頻繁に行なわれるでしょう。企業は企画や課題の解決などを会議やミーティングで議論を行ない，結論を出し，さまざまなことを決定していきます。

　表5-4 は，グループディスカッションにおける，主な評価ポイントです。実際に行なうときに，参考にしてください。

表5-4　グループディスカッションでのおもな評価ポイント

・協調性　・思考力　・創造力　・発想力　・コミュニケーション能力 ・リーダーシップ力　・傾聴力　・積極性　など

（出所）　筆者が作成

　それでは，グループディスカッションの進め方について，説明していきましょう。①から⑨までの順序で進めていきます。

①4〜8人程度のグループになる。
②グループ内で自己紹介を行なう。
③役割を決める。
④時間配分を決める。
⑤テーマの共通認識を探り，何を話し合うか決める。
⑥意見交換で発想を広げる。
⑦意見交換で論点を絞り込む。

⑧結論を出す。
⑨発表をする。

　③の「役割を決める」ですが，役割には，以下の四つの役割があります。役割を決める際には，積極的に役割を担うようにしましょう。役割が当たらなかった場合は，全員が発言しやすい環境や雰囲気づくりに努めるなどの姿勢を見せましょう。

- 司会者……方向性を示し全体を取りまとめ，話を進めるリーダー的な役割です。
- タイムキーパー……時間管理を行ないます。「後○分です」など時間を伝えます。
- 書記……発言内容を記録します。書くことに集中しすぎて発言が少なくならないように注意しましょう。
- 発表者……話した内容や結論をわかりやすくまとめ，発表します。

　役割が決まれば，後は話すだけ，というわけにはいきません。グループディスカッションでは，いくつかの注意点があります。まず，参加者一人ひとりがグループのメンバーとして役割をはたし，グループの目標を達成するために貢献するということを忘れてはいけません。独りよがりになり無理に自分の意見を通そうとしたり，人の話を聞かなかったり，人の意見を否定したりするのはよくありません。また，自分の意見をいうときは，簡潔に話し，根拠を加えるようにしてください。
　グループディスカッションは，コミュニケーションの一つです。コミュニケーションとは，人と人が互いに意思，思考，感情を伝え合うことですが，言語によるコミュニケーション（バーバルコミュニケーション）と非言語コミュニケーション（ノンバーバルコミュニケーション）があります。バーバルコミュニケーションとノンバーバルコミュニケーションは相反するものではなく互いに補完しあっています。
　コミュニケーションの一つですから，グループディスカッションでも，バーバルコミュニケーションとノンバーバルコミュニケーションの両方に気を配ることを忘れないでください。話す内容だけに気をとられるのではなく，話す声の大きさにも注意しましょう。また，姿勢を良くすることやまわりに明るい印象を与えるための笑顔も心がけましょう。他者の発言を聞く際には，発言者の方を見てう

なずくなどの態度もノンバーバルコミュニケーションを良くし，ひいてはコミュニケーション全体を良好にします。

　グループディスカッションでは，メンバー全員が意見をいい合い協力して結論を導きます。発言が少ない人がいる場合は，「○○さんはどう思いますか」と話すタイミングを与えてあげましょう。意見がまとまらず混乱したり衝突したりした場合は，そこまでを一度まとめ仕切り直しをしてみてください。発言者が何をいっているのかわかりにくい場合は，「○○ということですね」と復唱し確認するようにしてください。

❖ ディスカッションの内容の整理と評価

　ディスカッションなので，話すだけ話したら終わり，ということではありません。話した結果，参加者全員の意見をまとめる必要があります。では，どのようにまとめたらいいのでしょうか。ここで参考になるのが，PREP法やNLC法です。
　PREP法は，ビジネスシーンでよく使用される文章構成方法です。まず，結論を話します。そして理由を述べ，その具体的な例をあげることで説得力を示し，最後にもう一度結論を繰り返すことで，簡潔かつわかりやすく伝えることができる方法です。PREP法のPREPとは以下の単語の頭文字をとっています。

- P……Point（結論）
- R……Reason（理由）
- E……Example（事例，具体的な例）
- P……Point（結論）

　PREP法を使った簡単な具体例です。P……私は読書が好きです。R……読書をすることで知らないことを知ることができるからです。E……読書により，自分が知らないうちに知識が増えています。さまざまな年齢の方とも，会話を楽しむことができます。P……これらのことから，私は読書が好きです。
　次に，NLC法を説明します。NLC法も，ビジネスシーンのプレゼンテーションなどでよく使用される方法です。まず，ものごとを主張する場合，論点がいくつあるのかを伝えます。次に各論点について整理したものに見出し（ラベル）をつけ，そのうえで一点ずつ説明するという方法です。ポイントを絞って伝えることができます。NLC法のNLCとは以下の単語の頭文字をとっています。

表 5-5　グループディスカッションチェックシート（○×△で評価する）

人の話を良く聞くことができた。	
発言者の方を見て，相づちやうなずくことができた。	
姿勢や顔の表情（笑顔など）に気をつけた。	
グループ全員が発言しやすい雰囲気づくりを心がけた。	
はっきりと大きな声で発言できた。	
積極的に参加できた。	

（注）　○（そう思う），△（どちらともいえない），×（そう思わない）で評価
（出所）　筆者が作成

- N……Numbering（数で示す）
- L……Labeling（見出しをつける）
- C……Claiming（主張する）

　NLC法を使った簡単な具体例です。N……本日，ご報告したいことが二つあります。L……一つ目は図書室の利用時間の変更について，二つ目は新しく入った書籍についてです。C……図書室の利用時間が○時から○時に変更になりました。今月，新しく入った書籍は○冊でタイトルは○○○です。多くの方に読んでもらいたいと思います。
　このようにNLC法は，話題がいくつあるのかはじめに伝えるため，聞き手が頭の中で整理して聞くことができます。
　グループディスカッションで発表する際には，これらの方法を参考にポイントを絞って簡潔にわかりやすく述べるように気をつけてください。
　以上で，皆さんは，グループディスカッションについて理解できたと思います。では，次ページの **Work Sheet 10** でさっそく行なってみましょう。できている所，できていない所は客観的に評価するために **表5-5** のチェックシートを利用してみてください。

● Work Sheet 10　グループディスカッションシート

テーマ：Work Sheet 8 の作成とその結果への印象について
時間：30 分間

・司会者　　　　（名前　　　　　　　　　　　　）
・タイムキーパー（名前　　　　　　　　　　　　）
・書記　　　　　（名前　　　　　　　　　　　　）
・発表者　　　　（名前　　　　　　　　　　　　）

メモ（自由に使用してください）

グループディスカッションをしてみて，人それぞれいろいろな考え方や価値観があることがわかりましたか。人の生き方も人それぞれです。多様性ということばをよく耳にしますが，多様性を受け入れることは大切ですね。

5　大谷翔平選手が用いた目標達成法

これまで，さまざまな手法を用いて，自分を探りだす方法について紹介してきました。とはいえ，本書は，キャリアプランニングをテーマにしています。したがって，自己分析と自己理解，そして理想の将来像を描いただけで十分とは思いません。どのようにして，理想の将来をつくり上げていくのか，ということを考えていく必要がある，ということです。

ここでは，発想法を用いて，目標達成に向けた作業を行なっていきたいと思います。発想法とは，情報を集め，整理，構造化し，意思決定に導くための手法です。このように述べると，「えー，また難しいことを覚えなくてはいけないんですか」というような声が聞こえてきそうな気がします。しかし，元日本ハムファイターズ，現在ロサンゼルス・エンジェルスで活躍している，大谷翔平選手が高校時代に活用した，「目標達成81マス」もその一つなのです。

皆さんも，テレビのワイドショーなどで見たことがあるのではないでしょうか。「ああ，あれか……」ということで，身近に感じてもらえれば幸いです。この節では，まず発想法，そして，その一つで大谷選手が用いたマンダラートについて説明した後，目標達成に向けて，どのように活用したらいいのか，ワークも含めて，考えていきましょう。

❖ 発想法とマンダラート

発想法と聞くと，目新しく感じられかもしれません。しかし，皆さんは，「ブレスト」ということばを聞かれたことがあると思います。「ブレインストーミング（法）」の略ですね。これは，数人のグループで，アイデアを出し合うことですが，それにより，お互いの考えが連鎖反応的に広がっていったり，一人では思いつかなかったような発想などが誘発されることが期待されています。

また，KJ法をご存知の方も少なくないと思います。川喜多次郎という文化人類学者がデータをまとめるために考案した手法です。グループで議論をした後，ポストイットに意見など書き，同様な内容をまとめていくやり方です。「ああ，あれか……」と思われる方も多いでしょう。KJとは，考案者のイニシアルをとっ

たものですね。

　では、大谷選手が用いたマンダラートとは、どのようなものなのでしょうか。皆さんは、「曼荼羅」はご存知でしょうか。密教の経典に基づき、主尊を中心に諸仏諸尊の集会する楼閣を模式的に示した図像と説明されます。簡単にいえば、最も位の高い仏が中心にいて、その周辺にさまざまな仏が存在するイメージを描いたものです。

　マンダラートは、この曼荼羅と同様に、中心に目標を書き込み、その周りに関連する事柄を入れていくものです。30年以上前の1987年に、今泉浩晃が『創造性を高めるメモ学入門』（日本実業出版社）のなかで、紹介した考えです。今泉は、同著のなかで、マンダラは、人生にどんな問題をも解決してくれる不思議な「智慧の魔方陣」だとしたうえで、マンダラの力を十二分に引き出す独特の技術（アート）を開発したという。これがマンダラートだとして、この論理と方法を身につけるだけで、潜在力を引き出し、充実した生活を創り出せる、と述べています。

　具体的には、Work Sheet 11 に示したように、3×3の9マスを作ります。その中心のマスに、目標を書き込み、その周りの8つのマスに、目標を達成するために必要な事柄（以下、必要事項）を考えます。さらに、次に周りの大きな8マスの中心に必要事項を書き入れます。さらに、8つのマスそれぞれを達成するために具体的に行なう手段あるいは作業（以下、達成手段）を盛り込みます。こうして、中心にある目標に沿って、必要事項が整理され、必要事項を達成するために行なうべき、具体的な達成手段が示されることで、すべての力を目的達成に向けて集中できるということになります。

　図5-2で示した、大谷選手が花巻東高校の1年生のときに作成したマンダラートを見てみましょう。「ドラ1　8球団」という目標が中心に据えられています。ドラフト1位を八つの球団から受ける、という目標です。この目標に向けて、キレ、スピード160km/h、変化球、運、人間性、メンタル、体づくり、コントロールという八つの必要事項が示されています。さらに、それぞれの必要事項に対して、八つの達成手段が設定されています。例えば、キレを良くするために、リストの強化、下半身主導、可動域、回転数アップ、ボールを前でリリース、力まない、角度をつける、上からボールをたたくという8項目が考えられています。

　ここで興味深いのは、コントロール、キレ、スピード160km/h、変化球は、いずれも投球に関するものです。二刀流を目指すなら、打撃についても書かれているべきなのでしょう。しかし、それはありません。おそらく、1年時には、投

大谷翔平が花巻東高校1年時に立てた目標達成表

体のケア	サプリメントをのむ	FSQ 90kg	インステップ改善	体幹強化	軸をぶらさない	角度をつける	上からボールをたたく	リストの強化
柔軟性	体づくり	RSQ 130kg	リリースポイントの安定	コントロール	不安をなくす	力まない	キレ	下半身主導
スタミナ	可動域	食事 夜7杯 朝3杯	下肢の強化	体を開かない	メンタルコントロールをする	ボールを前でリリース	回転数アップ	可動域
はっきりとした目標、目的をもつ	一喜一憂しない	頭は冷静に心は熱く	体づくり	コントロール	キレ	軸でまわる	下肢の強化	体重増加
ピンチに強い	メンタル	雰囲気に流されない	メンタル	ドラ1 8球団	スピード 160km/h	体幹強化	スピード 160km/h	肩周りの強化
波をつくらない	勝利への執念	仲間を思いやる心	人間性	運	変化球	可動域	ライナーキャッチボール	ピッチングを増やす
感性	愛される人間	計画性	あいさつ	ゴミ拾い	部屋そうじ	カウントボールを増やす	フォーク完成	スライダーのキレ
思いやり	人間性	感謝	道具を大切に使う	運	審判さんへの態度	遅く落差のあるカーブ	変化球	左打者への決め球
礼儀	信頼される人間	継続力	プラス思考	応援される人間になる	本を読む	ストレートと同じフォームで投げる	ストライクからボールに投げるコントロール	奥行きをイメージ

（注）FSQ、RSQは筋トレ用のマシン　（出所）スポーツニッポン

図5-2　大谷翔平選手が花巻東高校1年時に立てた目標達成表
（出所）http://yurig.info/?p=1060

手としてプロ野球選手になることを思い描いていたのかもしれません。その後，二刀流を本格的に目指していったのであれば，この目標達成表も変化していった可能性があります。このように，マンダラートは固定的なものではなく，自分の成長などに伴い，変化していくものといえるでしょう。

❖ マンダラートの活用法

　では，皆さんがマンダラートを使う場合，どのように進めていったら良いのでしょうか。すでに述べたように，まず，中心に目標を書き込むことになります。Work Sheet 11でいえば，中心の濃いグレーの部分です。就職活動でいえば，「IT企業からの内定3社」「経済産業省に就職」「アナウンサーの夢実現」などに

なります。その周辺の薄いグレーの部分に，そのために成し遂げるべき必要事項を記入します。さらに，それぞれの必要事項に応じて，達成手段を書き込んでください。

このようにいうと，「そう簡単にいわれても……」という気持ちになられると思います。目標がはっきりしないのであれば，この章の前節までに紹介した自己分析や自己理解を振り返るなり，やり直すなりして，「やりたいこと」をはっきりさせることからはじめる必要があります。また，目標ははっきりしているものの，必要事項は思い浮かばない，という人もいるでしょう。その場合は，同様な目標をもっている友人や，目標に関連した仕事についている先輩などの話を聞き，何が必要なのか考えていくことになるでしょう。同様に，達成手段を決めていくことになります。

とはいえ，81ものマスを埋めることは容易ではありません。また，最初に考えたことが正しいとも限りません。したがって，まず，目標と必要事項だけ決め，達成手段はすべて決まっていなくても，やりはじめてみるという方法も考えられます。このようにはじめていくことで，また友人や先輩などに聞いていく作業を続けていくことで，不足していること，求められていることがわかってくれば，それを足していくのでも良いのではないでしょうか。

まず，**Work Sheet 11**の上にペンをもって，書き込んでみてください。あるいは，コンピュータを使って同じテンプレートをエクセルなどでつくってみて，作成することでも構いません。何事も最初が難しい，といいます。完璧なものを作ろうとしないで，いま，考えられることからはじめて，徐々に具体化していく。そんなやり方でもいいと思いますので，ぜひトライしてみてください。

● Work Sheet 11　目標達成表

第6章

社会人に求められる力と知識

　「そうか，理奈さんも，大学を卒業して，4月から社会人になったのか。早いものだね。これからは社会人だから，自分のことは自分で責任をもっていかないといけないね」。

　卒業の挨拶に叔父の家を訪れた佐藤理奈さんは，一郎叔父さんから，こういわれました。前章で検討した，自己分析と自己理解などを踏まえ，目標達成表などを活用してめでたく就職した後，皆さんも，同じようなことばを聞くことになるかもしれません。

　「そうね。もう学生じゃないのだから。社会人としてしっかりしなければ……」。

　理奈さんは，そう感じたことでしょう。しかし，そもそも社会人とは何なのか，そして，社会人として「自分のことは自分で責任をもつ」とはどういうことなのでしょうか。また，そのために，どのようなことが求められるのでしょうか。

　社会人ということばは，日本に特有といわれています。例えば，英語では社会人に相当することばはありません。成人（アダルト）が類似の概念のように考えられます。しかし，社会人ということばには，単に子どもが大きくなって大人になった，というだけでなく，社会に参加し，そのなかで自身の役割を担い生きる人という，社会との関係が含まれています。

　ここでいう社会とは，一般的に働く場，すなわち企業と考えられているようです。では，主婦や退職者，あるいはフリーランスで働いている人は，社会人ではないのでしょうか。そんなことはありません。「卒業して社会人になる」ということばに示されるように，親などの保護から自立して生活するようになった人，ということになるでしょう。

　理奈さんに，このことを話してみました。すると，「もちろん，大手企業に正社員として就職できたので，自分でお金を稼いで，生活していくつもりです」と頼もしいことばが返ってきました。しかし，働きはじめるだけでは，社会人とは

いえません。家庭や地域での役割もはたしていくことが求められます。

このような役割は，卒業して働きはじめれば，自然に身につくのでしょうか。残念ながら，そうではありません。役割を負うためには，さまざまな力が必要になります。また，多くの知識ももっていなければなりません。これらの力や知識は，努力して獲得していかなければなりません。

このため，本章では，社会人としての必要な力や知識にどのようなものがあるのか，そしてそれをどのようすれば獲得できるのか，といったことについて，佐藤理奈さんのストーリーを例にあげ，考えていきたいと思います。きっと皆さんが社会人になったときに，参考になると思います。

1　社会人基礎力とは

大学を卒業して，働きはじめた理奈さんは，「私はもう立派な社会人」と思っていたのですが，一郎叔父さんから，「社会人基礎力はどうなのか」と聞かれました。社会人にとって必要な基礎的な力，というニュアンスはわかりましたが，「初耳」でした。実は，平成18年（2006年）に経済産業省が産業界や教育界の有識者を集めて設置した委員会が定義した概念なのです。

この概念を示したのが，図6-1です。ご覧いただくとおわかりのように，三つの能力，12の能力要素から構成されています。職場や地域社会で多様な人びとと仕事をしていくために必要な基礎的な力ですが，「考え」（シンキング）る力をベースに，「行動」（アクション）に踏み出し，その際，「他者とともに」（チームワーク）という意識と行動規範をもつことが求められる，といえるのではないでしょうか。

❖ 社会人基礎力の測定

では，この三つの能力と12の能力要素を用いて，皆さんの「社会人基礎力」を評価してみましょう。そのために作成したのが，Work Sheet 12です。各能力要素について自分はどうなのか，5段階で評価してみてください。「とても自信がある」は5，「自信がある」は4，「どちらともいえない」は3，「あまり自信がない」は2，「まったく自信がない」は1にします。

なお，「小計」は，三つの能力のそれぞれを構成する12の能力要素の平均点を示してください。これにより，「能力」と「能力要素」のそれぞれについて，自分の力を判断することができます。そして，自分の自信がある能力や，これから

「社会人基礎力」とは

> 平成18年2月、経済産業省では産学の有識者による委員会 (座長 諏訪康雄法政大学大学院教授) にて「職場や地域社会で多様な人々と仕事をしていくために必要な基礎的な力」を下記3つの能力(12の能力要素)から成る 社会人基礎力 として定義づけ。

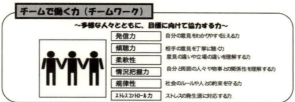

図6-1　経済産業省ホームページ「社会人基礎力」

(出所)　http://www.meti.go.jp/policy/kisoryoku/

身につけるべき能力，克服していかなければいけないところがどこなのか，把握するのに役立つと思います。

　ただし，これは，あくまで自己評価です。自分のことは自分が一番良くわかっている，と思っているかもしれません。しかし，意外と，そうでない場合もあります。そこで，例えば，両親や兄弟(姉妹)，あるいは大学の友達などに，同じワークシートを用いて，診断してもらってみてください。おそらく，自己診断の結果と異なる認識が示される部分があるでしょう。そのうえで，両者を比較して，自分の「社会人基礎力」をより的確に判断してください。

　「社会人基礎力」ということばを知ったばかりの理奈さんですが，さっそく力を自己評価してみました。そして，自己評価だけでは不安なので，大学の先輩で恋人の鈴木栄太郎さんにも評価をしてもらいました。すると，理奈さんについての評価が二人の間で違っていることがわかりました。

　完璧な人間はいません。すなわち，人は，誰しも優れたところがある反面，弱点があります。「社会人基礎力」についても同様です。それでは，自己診断や第

第6章　社会人に求められる力と知識　　153

● Work Sheet 12　三つの能力と12の能力要素の5段階評価

三つの能力	12の能力要素	内容	評価
前に踏み出す力 （アクション）	主体性	物事に進んで取り組む力	
	働きかけ力	他人に働きかけ巻き込む力	
	実行力	目的を設定し確実に行動する力	
考え抜く力 （シンキング）	課題発見力	現状を分析し目的や課題を明らかにする力	
	計画力	課題の決定に向けたプロセスを明らかにし準備する力	
	創造力	新しい価値を生み出す力	
チームで働く力 （チームワーク）	発信力	自分の意見をわかりやすく伝える力	
	傾聴力	相手の意見を丁寧に聴く力	
	柔軟性	意見の違いや立場の違いを理解する力	
	状況把握力	自分と周囲の人々や物事との関係性を理解する力	
	規律性	社会のルールや人との約束を守る力	
	ストレスコントロール力	ストレスの発生源に対応する力	
		合計	

（出所）　各種の資料より筆者が作成

　三者を通じて把握した，自らの弱点を補い，「社会人基礎力」を高めるにはどのようにすれば良いのでしょうか。その一つの方法として，大学の友達などと一緒に，次項の Work Sheet 13 のグループディスカッションシートを用いて，第3章で学んだグループディスカッションを行なってみてください。

　次項のグループディスカッションシートでは，「社会人基礎力」全体ではなく，「前に踏み出す力」に限定しています。これは，範囲を狭めたほうが議論しやすいという判断からです。したがって，1回目は「前に踏み出す力」，2回目は「考え抜く力」という具合に，できれば一つずつ進めてください。もし，「前に踏み出す力」で範囲が大きすぎると思われたなら，「主体性」だけを取り出して議論しても良いでしょう。

　さて，「前に踏み出す力」に関して議論する場合ですが，どのようにすれば議論が活発になり，「力を高める」結果を生み出すことができるでしょうか。実際にどのように行なうかは，それぞれのグループの判断になります。一例をあげるとすれば，「前に踏み出す力」が強い人と弱い人をわけ，それぞれ，どのようにして強くなっているのか，あるいは弱いのか語り，その内容を基に議論を深めていくなどのことが考えられます。参考にしてみてください。

● Work Sheet 13　グループディスカッションシート

テーマ：「前に踏み出す力」を高めるにはどのようにすれば良いか
時間：30分間

・司会者　　　　（名前　　　　　　　　　　）
・タイムキーパー（名前　　　　　　　　　　）
・書記　　　　　（名前　　　　　　　　　　）
・発表者　　　　（名前　　　　　　　　　　）

メモ（自由に使用してください）

第6章　社会人に求められる力と知識

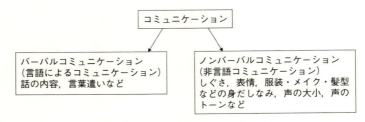

図 6-2　コミュニケーションの種類

(出所)　各種の資料より筆者が作成

❖ 社会人に求められるコミュニケーション能力

「社会人基礎力」の三つの能力の一つに，「チームで働く力」(チームワーク) があります。この力には12の能力要素のうち，六つが含まれています。そのうちの最初の二つは，「発信力」と「傾聴力」です。この能力要素は，コミュニケーション能力といえるでしょう。換言すれば，社会人には，コミュニケーション能力が求められる，ということです。

コミュニケーションとは，知覚，意志，思考，感情の伝達ですが，コミュニケーション能力を高めることにより，お互いの意思の疎通が行なわれ，気持ちが通じ合うことでお互いを理解することができるようになります。第3章でも触れましたが，コミュニケーションには，言語によるコミュニケーション (バーバルコミュニケーション) と非言語コミュニケーション (ノンバーバルコミュニケーション) があります。図6-2は，コミュニケーションの種類をわかりやすい図に表わしてみたものです。

仕事でのコミュニケーションに不安を感じていた理奈さんは，社会人の先輩である栄太郎さんにコミュニケーションのコツを尋ねてみました。栄太郎さんは，「俺，口下手だから，ジェスチャーを使いながら話すと，面白がって聞いてくれるんだ。俺のことも覚えてくれるので，営業としては得だね」といいました。「そうか，ジェスチャーというノンバーバルコミュニケーションでお客さんに親しみを感じてもらうようにしているんだな，さすが先輩！」と感心した理奈さんでした。

❖ コミュニケーション能力を高めるには

では，コミュニケーション能力を高めるにはどのようにすれば良いのでしょうか。バーバルコミュニケーションとノンバーバルコミュニケーションにわけて考

表 6-1　よく使用する敬語

基本形	主語が相手側	主語が自分側
行く	おいでになる，いらっしゃる	参る，伺う
来る	おいでになる，いらっしゃる，見える	参る，伺う
言う	おっしゃる	申し上げる，申す
見る	ご覧になる	拝見する
会う	お会いになる	お目にかかる
する	なさる，される	いたす，させていただく
食べる	召し上がる，おあがりになる	いただく，頂戴する
聞く	お聞きになる	拝聴する，うかがう
読む	お読みになる	拝読する
わかる	ご理解いただく	承知する，かしこまる
与える	くださる，たまわる	差し上げる
もらう	受け取られる	いただく
いる	いらっしゃる	おる

（出所）　各種の資料より筆者が作成

えていきたいと思います。

　まず，バーバルコミュニケーションでは，話の内容やことば遣いなどが重要となります。自分が話す場合は，人が聞いてわかりやすいように話すようこころがけましょう。例えば，その会話の目的や結論，事実を先に伝え，自分の気持ちや考えなど主観的なことは後から伝えるようにします。第5章で，PREP法やNLC法について説明しましたが，このようなテクニックを使用し，相手にわかりやすく伝えることを意識してみましょう。先生や先輩など，話し方が上手な人がまわりにいる場合は，どこが優れているのか観察をして真似をしてみるのも良い方法です。

　ことば遣いについては，正しい敬語を使う，ボキャブラリーを増やすなどが必要となります。敬語には尊敬語，謙譲語，丁寧語，美化語があり，その場や状況に適した正しい敬語を身につけることが大切です。正しい敬語を使うと，相手に対して敬意を示したり，相手を大切に思っている気持ちを表現することができます。表6-1は，よく使用する敬語をまとめたものです。参考にしてみてください。正しい敬語や豊富なボキャブラリーを身につけるには，日頃から新聞や本をよく読むなどし，とっさの場面でもことばが出るようにしておきましょう。

人の話を聞く場合は，傾聴力を向上させると良いでしょう。あなたは，人の話を丁寧に聴けていますか。人が話をしているときに，ぼんやりと他のことを考えていたり，途中で口をはさんだりすることは，良くありません。しっかりと集中して聴くようにしましょう。傾聴力をつけると，適切な質問ができるようになります。いわゆる「聴き上手」になり，「質問上手」になるということです。こうなると，人との会話がはずみ，自分にとって良い情報が聴けたり，コミュニケーションが良くなったりします。

　次にノンバーバルコミュニケーションについて考えてみましょう。ことばではないコミュニケーションの場合，第一印象を良くすることは有効になります。第一印象は数秒で決まるといわれており，第一印象が良いと，話の内容を好意的に聞いてもらえたり，その人の内面も好意的に評価されることがさまざまな研究から明らかにされています。出かけるときや人と会うときは鏡を見て，身だしなみをチェックするくせをつけてください。

　ノンバーバルコミュニケーションには，しぐさや表情も含まれます。丁寧なものごしや明るい表情をこころがけましょう。また，声の大きさやトーンにも気を配ってみましょう。「身だしなみには気をつけているのに，なぜか人から暗い印象をもたれる」と感じている人は，声が小さくトーンが低い場合があります。少し意識して改善するだけで，印象がグッと良くなります。

　多様化が進む現代社会においては，ノンバーバルコミュニケーションが力を発揮します。皆さんの通う大学や短期大学にも，各国から日本に学びにきた留学生がいるのではないでしょうか。「身近に外国の人はいません」という人も，将来，同じ職場や地域にいらっしゃるかもしれません。多様な人びとと「共に生きる」には，たとえことばが通じなくても，ノンバーバルコミュニケーションで良好なコミュニケーションを築くことは可能となります。

　また，外国人だけではなく，障害をもっている人とコミュニケーションを築く場合においても，ノンバーバルコミュニケーションは有効です。例えば，耳が不自由な人には身振り手振りや表情で，目が不自由な人には，ことばの内容と合わせ，声のトーンや大きさなどを意識して伝えると，より気持ちが通じ合うのではないでしょうか。

2　社会人に必要な知識

　理奈さんは，「社会人基礎力」に示された三つの能力と12の能力要素を徐々に

高め，「私も一人前の社会人になってきたな」と感じるようになってきました。そんなとき，大学時代の後輩で，留学志望の山本優子さんから，「正社員にならないと，お給料や社会保険などで不利なんですか。先輩は，社会人なのでご存知ですよね」と聞かれました。

　久しぶりにカフェで楽しく話していたところ，突然，こういわれた理奈さん。思わず，「ごめん，仕事を忘れていた。すぐ家に戻ってやらなくちゃ。優子が知りたいこと，今度，教えるね」といって，なんとかその場を取り繕いました。もし，皆さんが理奈さんの立場だったら，きちんと答えることができますか。自分のためにも，こうした社会人としての知識をしっかりもっておくことが大切です。

　このように聞くと，社会人の知識は卒業後に必要になる，と思われるかもしれません。学生時代は社会人ではないので必要ない，という考えです。しかし，そうではありません。就職活動をする際，希望する企業がどの程度の給与を出し，社会保険を含めた，福利厚生がどのようになっているのか，ということは，就職の希望先を絞り込むのに重要なポイントの一つです。

　理奈さんとなかなか連絡が取れない優子さんは，いままで「本格的な就職をするつもりはない」と思って訪ねたことがなかった，大学のキャリア支援センターに行ってみることにしました。そこで，企業の求人票に，給与をはじめとして，さまざまな労働条件について記載されていることがわかりました。

✤ 求人票について

　企業等の事業者は，労働者の募集を行なうときに，一定の労働条件を明示する義務があります。以下の①から⑨は，明示しなければならない労働条件です。求人票などで確認してみましょう。

①業務内容
②契約期間
③試用期間
④就業場所
⑤就業時間（始業・終業時刻）／休憩・休日／時間外労働の有無
⑥賃金（給与）
⑦加入する社会保険（健康保険，厚生年金保険，労災保険，雇用保険）
⑧募集者（企業等）の氏名又は名称
⑨雇用形態が派遣労働者であること（派遣労働者を雇用しようとする場合）

優子さんが気になったのは，②の契約期間と⑤の就業時間，⑥の賃金（給与）でした。契約期間は，2〜3年後に留学を考えているので，正社員として雇われると，途中で辞めにくくなることを懸念したのです。⑤の就業時間は，週末や夜は留学に向けてTOEICの勉強などをする時間を確保したいと思っているからです。⑥の給与は，留学の費用も働きながら捻出したいと考えているためです。

❖ 社会保険について

先輩の理奈さんに，社会保険について尋ねた優子さんですが，実は，社会保険ということばは聞いたことがあるものの，具体的にどのようなものか，知りませんでした。しかし，求人票に，「社会保険」という項目がありました。そこで，もう一度，理奈さんに連絡をしてみました。

週末に，大学近くのカフェで待ち合わせた二人。理奈さんは，社会保険について，社会保障の一分野で，病気やケガ，高齢化，失業，労働災害，介護などに備えて，雇用者と被雇用者（従業員）が折半するなどして支払い，加入するもので，医療保険，年金保険，介護保険，雇用保険，労災保険の5種類がある，と教えてくれました。

医療保険は，病院に行ったときの「保険証」に関連するものです。年金保険は，ある年齢に達した退職者などが受け取る，いわゆる年金について定めています。介護保険は，介護が必要な高齢者などへの保険です。雇用保険は，失業などの際に，給付を受けるもの。最後の労災保険は，職場や通勤途上などに事故やケガをした場合の補償を行なう仕組みです。具体的には，**表6-2**をご覧ください。

表6-2　社会保険の種類

健康保険	健康保険法に基づいた医療保険。労働者を被保険者とし，疾病，負傷，死亡，分娩，および家族の傷病，死亡，配偶者の分娩などに給付を行なう。
厚生年金保険	厚生年金保険法に基づき，老齢年金，障害年金，遺族年金などを給付する社会保険制度。
労災保険	労働者が仕事や通勤途上に負傷，疾病，障害，死亡した場合，治療や休業補償給付などの支援を行なう。
雇用保険	雇用に関する総合的保険制度で，働く意思と能力があるのに失業し職につけない場合の失業給付の他，雇用安定や改善，能力開発，雇用福祉事業に助成を行なう。
介護保険	介護を必要とする人が適切なサービスを受けられるための制度。40歳になった月からすべての人が加入する。

（出所）　各種の資料より筆者が作成

❖ **働くことに関連する権利**

　理奈さんは，優子さんに，社会保険だけでなく，働くことに関したさまざまな法律があることも教えてくれました。労働基準法，最低賃金法，労働安全衛生法などがそれです。表6-3は働くことに関する法律をまとめたものです。労働条件の最低限の基準がこれらの法律により，守られているのです。

　これらの法律は，働く人びとにとって大切です。しかし，「労働条件の最低限の基準」を設けているにすぎません。例えば，厚生労働省によると[1]，最低賃金法によって定められた2017年度の最低賃金は，最も高い東京都で時給958円，最も低いのは福岡県を除く九州の7県の737円です。全国の加重平均では，848円です。これでは，週40時間働いたとしても，3万3920円，1か月に13万円程度にすぎません。とても生活できるレベルではないですよね。

　とはいえ，実際には，これよりかなり高い賃金が支払われています。なぜでしょうか。理奈さんの叔父さん，一郎さんによると，一つは，人手不足などに対応するため，経営者が自主的に賃金を引き上げているそうです。もう一つは，経営者が「世間並み」の賃金を支払おうとするためだそうです。さらに，労働組合を通じて，賃金の引き上げが行なわれることも，その理由の一つだということでした。

　今日，日本の大手企業や政府機関の多くで，労働組合が存在します。労働組合について，日本国憲法は，第28条で，「勤労者の団結する権利及び団体交渉その他の団体行動をする権利は，これを保障する」と規定しています。「勤労者の団結する権利」というのが，労働組合に加盟する権利です。「団体交渉」も憲法上の権利ですから，賃金の引き下げや雇用，その他の労働条件に関して，改善してほしいと思った場合，労働組合を通じて，経営者と交渉することができるのです。

表6-3　働くことに関する法律

労働基準法	労働時間，休日，休憩，休暇，賃金，解雇など，労働全般に関する最低限の基準を定めた法律
最低賃金法	会社が支払わなければならない賃金の最低額を保障する法律
労働安全衛生法	労働災害防止のために使用者がとるべき措置や，職場における労働者の安全と健康確保，快適な職場環境のために，労働者に対する健康診断等を義務付けている法律

（出所）　厚生労働省「「働くこと」と「労働法」～大学・短大・高専・専門学校生等に教えるための手引き～」

表6-4　働き方の種類

労働者 （雇用される人）	正規雇用	正社員	基本的にフルタイム
	非正規雇用	有期契約社員	契約期間を定めて勤務する社員
		派遣社員	派遣会社と労働契約を結び，派遣されて働く
		パートタイマー・アルバイト	時間給で働く場合が多い
		雇用されない人	フリーランスなど業務委託（請負）契約で働く人など

（出所）　各種の資料より筆者が作成

❖ さまざまな働き方

　すでに述べたように，理奈さんは，大手企業の正社員として働いています。後輩の優子さんは，留学希望ということもあり，正社員として働くことにためらいを感じています。しかし，友達はほとんど，正社員志向です。大学のキャリアセンターでも，正社員を勧めます。

　一方，理奈さんは，働きはじめてから，自分の将来の姿を具体的に思い浮かべるようになりました。栄太郎さんと付き合って1年になります。将来は，優しくて真面目な栄太郎さんと結婚したいと考えていますが，仕事も続けたいと希望しています。

　理奈さんの父親は銀行員で，母親も同じ銀行で働いていましたが，結婚を機に退職し専業主婦になりました。母親のような専業主婦も良いと思うのですが，自分はやりたい仕事があるので，結婚後も正社員として働き続けたいと考えています。はたして家庭と仕事の両立はできるのか，理奈さんはそのことで少し不安に感じています。というのは，子どもも，できれば二人か三人ほしいと希望しているからです。

　このように，理奈さんも優子さんも，どのような働き方をしたら良いのか迷っているのです。そこで，一郎叔父さんに，働き方について聞いてみることにしました。一郎叔父さんの話をまとめると，**表6-4**になりました。この表を見て，理奈さんも優子さんも，「うーん」となってしまいました。どれかを選ぶといっても大変ですよね。しかし，働き方にはいろいろな形があることを知ったうえで，自分の条件や希望に合った働き方を選んでいくことが必要なのだということは，わかったのではないでしょうか。皆さんも，ご自身のキャリアプランを念頭に置きながら，どのような働き方が適切なのか，考えてみてください。

3　多様な人びととのチームワークづくり

　将来の働き方について判断がつきかねている理奈さんですが，優子さんに，「どんな働き方をするのかも大切だと思うけど，働くとき，周りの人とうまくやっていけるかということが，けっこう大変なのよ」といいました。「学生だったら，気の合う人とだけ付き合えばいいけど，会社ではそうはいかないもの」というのです。
　「理奈さんの職場には，どんな人がいるの？」という優子さんの問いに，理奈さんは，「外国人や障害をもった人，それに年配の人もいるのよ。年配というと失礼かもしれないけど，私の部署にもお父さんとおじいさんの間くらいの人がいるわ。外国人といっても，欧米からの人もいれば，アジアの出身者もいるわ。ことばは何とかなっても，習慣の違いで戸惑ってしまうときがあるわね。それから，障害をもった人には，どうしてあげたらいいのか……，自然にできるといいのだけど，なんとなく気を使っちゃうし……」。
　理奈さん，いろいろと苦労しているようですね。でも，これは，「社会人基礎力」でいえば，チームで働く力（チームワーク）に関連してくることです。さらに，その能力要素でいえば，「発信力」や「傾聴力」さらには「柔軟性」そして「状況把握力」などにも関連してくるといえるでしょう。したがって，社会人としては必要なことですから，もう少し詳しく考えてみましょう。

❖ 外国人と共に働く未来を見据えて

　理奈さんの話を聞いて，優子さんが真っ先に頭に浮かんだのは，同じ大学の台湾からの留学生のことでした。陳美鈴さんという女性です。優子さんにとって，陳さんの第一印象は，自分の考えをズバズバいう人というものでした。しかし，留学経験のある友達から，「そういう文化じゃないの」といわれ，また，陳さんのフレンドリーで親切な性格がわかり，いまでは親友の一人になっています。
　その陳さんから，大学を卒業後は希望する日本企業に就職し，日本で働きたいと考えているのだけど，どうしたらいいのかという質問を受けました。答えられるだけの知識がなかった優子さんは，陳さんを誘い，大学のキャリア支援センターで，外国人はどうしたら働けるのか，調べることにしました。
　日本で働く外国人は年々増加傾向にあります。日本政府としても経済活動の活性化や国際化を図る観点から，専門的な知識や高い技術をもつ外国人は積極的に

受け入れを推進しています。2008 年には「留学生受け入れ 30 万人計画」を発表，2016 年 6 月には，「日本再興戦略 2016」で「外国人留学生の日本での就職率を 3 割から 5 割に向上させることを目指す」としました。

　大学のキャリア支援センターで，外国人雇用サービスセンターを教えてもらいました。職業相談や紹介，留学生向けの就職ガイダンスやセミナーなどを行なっているということで，陳さんと優子さんは行ってみることにしました。

　二人が訪れた，大阪外国人雇用サービスセンターでは，留学生の就職件数が 2013 年には 103 件でしたが，2016 年には 171 件に増えているそうです。また，一般外国人の就職件数も 2013 年は 692 件であったのが 2016 年には 808 件に増えているということでした。

　「これからは，外国人と共に働くことは決して珍しいことではなく，当たり前の社会にますますなっていくんだな」と感じながら，優子さんは，帰路につきました。一方，陳さんは，「これだけ大勢の留学生や外国人が働こうとしているんだから，私も頑張らなくっちゃ」と気持ちが高ぶったそうです。

❖ 障害者と共に働くことのメリット

　優子さんには，いま，障害者の友達はいません。このため，障害者に「なんとなく気を使っちゃうし……」という理奈さんのことばは，あまりピンときませんでした。しかし，週末に行なわれた，中学の同窓会で吉田美樹さんに会ったとき，「あれっ」と思いました。

　美樹さんは，小学校のときの交通事故のため，車いすで生活していました。トイレに行くだけでも，廊下から少し段差があるので，誰かの手助けが必要です。優子さんも友達と一緒に手助けしたことがありました。そのたびに美樹さんは，「ごめんね，ごめんね」といっていました。学校では，あまり話をせず，おとなしい印象だった美樹さんですが，同窓会で会った美樹さんは，明るいピンク色のワンピースに身を包み，皆と話して明るい笑い声をあげているのです。これを見た，優子さんは，「美樹ちゃん，ずいぶん変わったね」ということばが，口から出てきました。それを受けて，同じクラスだった井上翔太さんも，「本当だね，昔からは想像できないぐらい明るくなったね」といいました。

　でも，なぜ美樹さんは，こんなに変わったのでしょうか。短期大学を出て銀行に就職した美樹さんは，最初は不安だったといいます。しかし，トイレと廊下の間には段差がなく，これだけでも気持ちが楽になったそうです。車いすのまま机に向かうと，机が高く仕事がしにくいと感じていました。その様子を見た同僚が

支店長に話をして，高さを調整できる椅子を購入してもらったそうです。

「こういうのをリーゾナブル・アコモデーションって，いうんだって」と美樹さんは教えてくれました。障害者に適切な便宜を提供する，という意味です。「ふーん，会社も大変だね」ということばが，翔太さんからぽろっと出てきました。その後すぐ，「しまった」という表情に変わりました。美樹さんが同僚に面倒をかけているというニュアンスとして受け取られたのではないかと感じたからです。

しかし，美樹さんは，「私も最初は，そう思ったの。気が引けるし，椅子を買ってもらうのも，遠慮したわ。でも，皆，一緒に働いているんだからということで，応援してくれたの」といいました。なるほど，そうした職場の雰囲気が美樹さんを明るく変えたのかな，と優子さんは感じました。

美樹さんは，こんな話もしてくれました。銀行のお客さんには，高齢者も多くいます。車いすや杖を使っている人も少なくありません。このため，支店長から「障害者目線で，お年寄りが来やすいお店にするためのアドバイスをしてくれないか」といわれたそうです。思いついたことをいくつか提案すると，それらが採用され，いまでは，高齢者が多く利用する銀行になっているそうです。

日本には，障害者雇用促進法という法律があり，従業員の2.2％が障害者であることが義務化されています。法律に基づき障害者の採用を進めることは当然ですが，義務として受け取るのではなく，「障害者や高齢者にやさしいことは，ビジネスにもプラス」と考えることも必要な時代なのです。美樹さんの経験は，それを物語っているのではないでしょうか。

❖ 世代を超えた人びとと働く難しさと楽しさ

「私の職場にもお父さんとおじいさんの間くらいの人もいるわ」という理奈さんのことばを思い出してください。世代が違うと，考え方も異なるので，何かと難しいことが多いことは想像できます。理奈さんは，こういいます。「プライベートにも干渉してくるのよね。二言目には「彼氏はいるの？」，「そんな口の利き方をしていると，お嫁に行けないよ」なんていうのよね」

「それって，セクハラじゃないですか」と，優子さんは，思わずいってしまいました。「そうなの，女子社員の間では，松田部長は「セクハラ部長」って陰口たたかれているわ」と怒り心頭の顔つきで，理奈さんがいいました。「男っていやね」と思った優子さんでしたが，そういえば，純一兄さんも，女性課長から，「早く身を固めなさい」っていわれて，「ほっといてくれよな」と怒っていたこと

を思い出しました。

　しばらくして，優子さんは，理奈さんから連絡があり，会うことになりました。「この前，仕事で大失敗して，お客さんを怒らせてしまったの。一緒に行ってくれた松田部長が頭を深々と下げて，「私の指導が行き届かず，申し訳ありませんでした」と謝ってくれたこともあって，なんとか収めてもらえたのよね」というのです。

　「へえ，いいところ，あるじゃない。」と優子さんがいうと，「そうなんだけど……」と一息あけて，「その後に，会社に戻ってから，「今度のことはあまり気にしないで，これからの教訓にしなさい。そうすれば，そのうちいい人に巡り合えて，お嫁に行けるから」というのよね」。理奈さんは，思わず「部長，助けていただいたことは感謝します。でも，「お嫁に行ける」はないんじゃないですか。それって，セクハラですよ」と大きな声でいってしまいました。

　同僚が一斉に振り向くなかで，松田部長は，「いやぁ，失敬，失敬，申し訳ない。どうも私のような世代の者は，女性は結婚が第一と思いこまされているので，つい口にでてきてしまうんだ。家でも，娘に怒られているよ」といって，謝ってくれました。さらに，職場の皆に向かって，「皆，私が佐藤さんや他の女子社員に変なことをいっていたら，ダメっていってくれよ」と大きな声でいいました。

　これを聞いて，理奈さんは，「松田部長はいい人なんだな。陰口をいっているだけでなく，はっきり口に出して伝えることが大事だ」ということを学んだといいます。この章のテーマである「社会人基礎力」の一つ，チームで働く力（チームワーク）を養ううえで必要な，「発信力」などが，理奈さんにも高まってきた，ということではないでしょうか。

4　職場以外で求められる社会人としての知識

　会社においては，いろいろな問題に直面しながらも，上司や同僚の支えもあって，一人前の社会人への道のりを歩みはじめている理奈さん。しかし，すでに述べたように，社会人とは，職場における役割だけをはたしていれば良い，というわけではありません。

　仕事をある程度覚えるのに数年かかったとしても，その後，結婚し，子どももほしいと思っている理奈さんにとって，結婚，出産，そして子育てと続く長い道のりへの心構えや準備が必要なのです。また，子どもができれば，近所づきあいもでてきます。PTAや自治会などの役も回ってくる可能性があります。仕事と

の両立は可能なのか，いまから不安を感じている理奈さんです。

　では，子育てが終われば，後は，また自分の時間が確保できるというようになるのでしょうか。理奈さんのご両親は，週末になると，それぞれの両親——理奈さんから見れば祖父と祖母ですが——の自宅を訪れるようにしています。心身の衰えを見せはじめた両親の生活が気になるからです。理奈さんが子育てを終えると，今度は，ご両親のことを案じなければならないのではないでしょうか。

　さらに，会社でも職場にとどまらず，CSR（企業の社会的責任）が注目されるなかで，仕事の経験を生かしたボランティア活動，いわゆるプロボノにも参加するようになるかもしれません。

　こんな状況と将来像を提示されると，理奈さんや皆さんは，「私はスーパーマン（ウーマン）じゃない！　そんなに何もかもできるわけないでしょう！」といいたくなってしまうかもしれません。もちろん，すべてをパーフェクトにやることはできないでしょう。しかし，できるだけ無理なく，上手にやっていくためには，そのためのプラン作りが欠かせません。それをどのように考え，進めていったらいいのか，これから考えていきましょう。

❖ 人生設計に必要な費用

　数年後には，栄太郎さんと結婚し，やがて子どもが生まれ，マイホームを手にした理想の生活を過ごす。就職した頃に描いていた，こうした将来プランに，厳しい現実があることを理奈さんは理解しはじめました。

　「ねえ，栄太郎さん，どうする？」

　理奈さんの真剣な眼差しにもかかわらず，栄太郎さんからは，「先のことはわからないけど，なんとかなるんじゃない」とのんびりした答えが返ってきました。

　このことを，一郎叔父さんに相談すると，そういうことは，「ファイナンシャルプランナーに聞いてみるんだな」というのです。「ファイナンシャルプランナーってなんですか？」と聞くと，「自分で調べてみなさい」といわれてしまいました。

　しかたなく，スマホで「ファイナンシャルプランナー」を検索してみました。すると，日本FP協会のサイトがヒットしました。FPとは，ファイナンシャルプランナーの略で，この団体は，ファイナンシャル・プランニングの普及啓発とファイナンシャルプランナーの養成などを通じて，国民生活の向上と日本経済の発展に貢献することを目的とした金融経済教育の分野で活動するNPO法人だそうです。

表6-5　おもなライフイベントにかかる費用

ライフイベント	内容	費用
結婚費用	結納・婚約～新婚旅行までにかかった費用総額	約470万円
出産費用	入院料・室料差額・分娩料・検査・薬剤料・処置など	約49万円
教育資金	幼稚園から高校まで公立，大学のみ私立の場合	約969万円
住宅購入費	住宅の平均価格（建売住宅約3340万円，マンション約4270万円）	約3340万円
老後の生活費	高齢夫婦無職世帯の1か月あたりの支出	約27万円
介護費用	介護保険受給者1人あたり1か月の使用額	約16万円

（出所）　日本FP協会ホームページ

　ホームページを見ると，「おもなライフイベントにかかる費用[(2)]」が書かれていました。それを表にしたのが，**表6-5**です。
　これを見た理奈さんは，愕然としました。出産にはそれほどお金がかからないものの，教育費は，一人当たり1000万円近くになります。子どもを二人，三人ほしいとなると，2000万円か3000万円もかかってしまうことになります。さらに住宅も3000万円とか4000万円という金額になると，とても手が届きそうにありません。老後の生活費に毎月30万円近くかかるとなると，そこまで貯金できるのか，不安になりました。
　「ねえ，ねえ，どうしよう」。
　再び栄太郎さんに相談した，理奈さん。
　「まあ，なんとかなるんじゃない？　二人育てるのが難しければ，一人にして。持ち家じゃなくて，アパートでも仲良く暮らせればいいんじゃない。田舎暮らしなら安くすむかもしれないし」といわれました。
　理奈さんは，「私がしっかりしなければ」と思い返して，また一郎叔父さんに相談しました。叔父さんは，「そもそもどれだけ収入があるのかね。給料が多ければ，心配ないはずだし」といいました。しかし，いま，二人合わせて，手取りで40万円行くかどうか。貯金はせいぜい合わせて100万円しかありません。これでは，結婚費用の470万円も捻出できません。
　栄太郎さんは，「そのうち給料が上がっていくさ」と思っているようです。しかし，理奈さんが厚生労働省の「平成28年賃金構造基本統計調査」を見たところ，一般労働者の賃金は，男女計304.0千円（年齢42.2歳，勤続11.9年），男性335.2千円（年齢43.0歳，勤続13.3年），女性244.6千円（年齢40.7歳，勤続9.3歳

となっていました。20年後に40代になってからも、共働きしていたとしても、550万円の収入しか期待できないようなのです。

理奈さんは、この数字を栄太郎さんに提示してみました。「へえ、大変なんだ」と最初は他人事のようでした。しかし、「結婚式、できないの？ 子どもは大学に通わせてあげられないの？ 老後はどうするの？」と矢継ぎ早に質問を繰り出すと、「そうだな、しっかり頑張らなくちゃ。二人で頑張ろう」といってくれました。いまは具体的なプランがあるわけではないのでしょうが、「意志あるところ道あり」といいます。現実を見つめなおした二人は、より良い未来を作り出していくことでしょう。

❖ 地域や社会での活動に向けて

優子さんから理奈さんに連絡が入りました。週末に優子さんの地元でお祭りがあるので、栄太郎さんと一緒に遊びに来ないか、というのです。留学しても、いずれは故郷に帰りたいという気持ちから、毎年、お祭りに参加しているそうです。さっそく、栄太郎さんに話してみました。「お祭り大好き男」を自称する栄太郎さんは、二つ返事でOKを出し、二人で行くことになりました。

電車を乗り継ぐこと1時間余り、京都の郊外にある優子さんの実家にたどり着いた二人を待ち受けていたのは、おみこしでした。お祭りのリーダーは、優子さんの中学時代の同級生、井上翔太さんのお父さんです。都会に人口が流出したこともあり、一時、なくなっていた村祭りを復活させた中心人物だそうです。

「へえ、すごいなあ」と思った理奈さん、いろいろ話を聞いてみました。翔太さんのお父さんが村の人に呼び掛けたものの、人口が減ってきたので、村祭りの復活は無理といわれてしまったそうです。しかし、あきらめきれないお父さんは、一緒に村祭りを復活させるために協力してくれないか、と勤めている会社の同僚に呼び掛けたのです。すると、会社のトップもCSRにもつながるし、ということで費用の一部を負担してくれることになりました。

この話を聞いた理奈さんと栄太郎さんは、「そうか、これからは会社で働くだけではなく、社会の役に立つようにボランティア的な活動もしていかなければならないんだな」としみじみ思ったそうです。

翌日、それぞれの会社に出社した理奈さんと栄太郎さんは、この話を同僚にしてみました。すると、「俺は、プロボノをやっているよ」とか、「私は毎週末、高齢者の施設でボランティアをしているの」という声が返ってきました。理奈さんの上司、福田さんも、地元の自治会の会長さんだそうです。奥さんは、PTAの

会長を2年間やっていたことがあるといいます。
　皆，何かしらの社会的な活動をしていることを知った理奈さんと栄太郎さんですが，では，どうやって活動先を探したらいいのでしょうか。会社の同僚に聞いてみましたが，家から遠くて二の足を踏みます。そんな話を一郎叔父さんにしていたら，「地元の社協やNPOセンターに聞いてみたらいいよ」といってくれました。
　「社協？　NPOセンター？」
　聞いたことのない名前を耳にした二人に，一郎叔父さんは，社協とは社会福祉協議会の略で，全国の都道府県や市町村に作られている社会福祉法人でボランティアの斡旋などもしてくれると教えてくれました。NPOセンターとは，市民の自主的な社会貢献活動を行なう団体，いわゆるNPOに関する情報の提供やNPOと市民をつなぐ活動などをしているところで，やはり全国各地にあるそうです。「自分の県や市などに，NPOというキーワードを入れれば，すぐに探せるよ」と教えてくれました。
　「よし，来週，探して行ってみるか！」
　理奈さんと栄太郎さんは，「地域デビュー」を通じて，新たな社会人になった二人を思い浮かべながら，家路を急ぎました。

5　理奈さんの将来から考えるキャリアプランニング

　ここまで理奈さんを中心にして，何人かの人に登場してもらいながら，就職後に重要な意味をもつ労働関係の法律や施策，そして働き方などについて学んできました。理奈さんが自覚したように，これからは，外国人や障害のある人，さまざまな年齢の人など，多様な人たちと一緒に働き，共に生きることが大切になります。また，その人その人にあったワーク・ライフ・バランスの実現や，柔軟で多様な働き方のバリエーションが必要となります。
　本書は「共に生きる」をテーマにキャリアプランを考える内容ですが，私たちは一人では生きていけません。皆さんは，育ててくれた人や支えてくれた人がいて，ここまで成長することができました。これからも，助けられたり，助けたりしながら，共に支え合って生きていくことになるでしょう。また，就職，結婚，出産，子育て，退職，余生など，これから60から70年の時間軸以上の長い人生が待っています。
　これらのことを前提にして，理奈さんのストーリーを用いて，多様性の尊重が

求められる，「人生 100 年時代」におけるキャリアプランニングについて，考えていきましょう。

❖ 理奈さんのキャリアプランの作成

　この章の 1 から 4 までに展開された理奈さんを囲むストーリーを踏まえて，理奈さんのキャリアプランを考えてみましょう。理奈さんが，どのような将来像を描き，その際，どのような問題に直面しそうなのか。そうしたことも，記述されたことだけでなく，皆さんが想像したことも含めながら，ライフイベントなどを考えて，Work Sheet 14 に記入してみましょう。参考として，Sample Work Sheet 14 に，留学志望の優子さんのライフプランを掲載しておきました。1 から 4 までに書かれていないことも，「こうなるかな，なるといいな」などと思いながら含めました。皆さんも，理奈さんについて，同様に考えてやってみてください。

　Sample Work Sheet 14 の優子さんの例では，彼女の一生のなかで住む場所や仕事を変えていることに気がつくと思います。先進国では平均寿命が年々伸び，日本では，いまや「人生 100 年時代」といわれています。つまり，私たちは 100 年生きることを想定して，キャリアプランを考える必要があるということです。

　これまでは，多くの人が「スリー・ステージ・モデル」といわれる三つの区切りで人生を考えれば，おおかた当てはまっていました。三つの区切りとは，教育時代・仕事時代・そして退職後です。しかし，これからは，この三つの区切りでキャリアプランを考えたのでは無理が生じてきます。退職後にまた，学び直したり，新しい仕事をはじめたり，新しいチャレンジをする時間が十分あるのです。

　優子さんは，生まれ育った故郷に活気を取り戻したいという気持ちで起業しました。このように，それまでの仕事を大きく変えることを，キャリアチェンジといいます。換言すると，キャリアチェンジとは，これまで経験したことや習得したことから，まったく別の世界に入ることです。

　実は私もキャリアチェンジの経験者です。金融系の外資系企業で 8 年間，正社員として勤めた後，かねてから興味のあった美容業界に思い切ってキャリアチェンジをしました。まず，美容師免許を取得しようと考え山野美容専門学校の門をくぐったとき，未来に対する不安な気持ちはありましたが，新しい扉を開けたことにワクワクしたのを覚えています。

　とはいえ，キャリアチェンジにはメリットばかりではなくリスクも当然ありますので，十分な準備が必要です。「人生 100 年時代」といわれている現代では，

優子さんのように退職後，会社をはじめるというチャレンジも珍しくはないでしょう。

　優子さんは，留学という目標を実現させた後，起業したことで，学生時代に思っていた，「やがて故郷に帰る」という夢を実現させることができました。この長い人生において，日本とアメリカ，都会での仕事と故郷である田舎での起業という大きな変化を経験してきました。その経験が実現した背景には，きっと夢を叶えるためのキャリアプランがあったのではないでしょうか。新しい自分に変わる勇気やスキルを常に磨いていくとともに，闇雲に進むのではなく，計画を立てて，一歩一歩進んでいくことが，目的に近づくことになります。このことを優子さんのストーリーで感じていただけたのではないでしょうか。

❖ 自分のキャリアプランの作成

　さて，優子さんのキャリアプランを参考にして，理奈さんのプランをつくった後に，皆さん自身のキャリアプランも作成してみてください。**Work Sheet 15** に記入するのは，現在の自分が考えるキャリアプランでけっこうです。この先，多くの人々と出会ったり，いろいろな国や土地に出かけて行ったり，さまざまな経験をすることで皆さんは成長し，考えや理想が変わっていくでしょう。

　その都度，このキャリアプランは書き直してくださって大丈夫です。おそらく，この先，多くのことを経験することで，現在のキャリアプランより，より良いものに変わっていくからです。そして何十年か先，皆さんは作成したキャリアプランが導き手となり，人生が満たされていたと感じていただければ，嬉しく思います。

● **Sample Work Sheet 14　優子さんのキャリアプラン**

18歳	○○大学入学
22歳	○○大学卒業，株式会社○○入社，留学の準備をはじめる
24歳	留学費用を貯めるため副業を開始
26歳	アメリカの経営大学院に応募，合格，渡米
28歳	大学院で修士課程修了，現地の日本企業に就職
30歳	現地の日本企業の東京の本社に異動，未来の夫と出会う
31歳	本社の上司と結婚
33歳	第一子出産
36歳	第二子出産
40歳	課長に昇進，夫は部長に
45歳	仕事も家庭も順調，一年に一回は家族旅行をする
51歳	長男が大学入学，部長に昇進
54歳	長女が大学入学
60歳	長男・長女が独立，夫婦二人の生活になる
63歳	夫婦とも親の介護で多忙
65歳	退職にともない故郷にUターン
65歳	2年前結婚した長男の家庭で第一子誕生
66歳	故郷で地方創生のための会社設立
68歳	3年前結婚した長女が第一子出産
70歳	長男の家庭で第二子出産
71歳	地元名産の果物でつくったジャムの販売が好調
80歳	会社を長男が引き継ぐ
81歳	金婚式を記念して世界一周船の旅に出発
82歳	夫婦と猫2匹でのんびり暮らす，ときどき子どもと孫があそびに来る
83歳	夫婦でそば打ちに挑戦する，家庭菜園でそばも育てる
85歳	そば打ちが上達，ボランティアでそば打ち教室を月一回開催する
99歳	夫が亡くなる
100歳	子どもと孫と猫に見守られながら老衰で亡くなる

● Work Sheet 14　理奈さんのキャリアプラン

● Work Sheet 15　自分のキャリアプラン

（1） http://www.mhlw.go.jp/stf/seisakunitsuite/bunya/koyou_roudou/roudoukijun/minimumichiran/（2018 年 7 月 23 日最終アクセス）
（2） https://www.jafp.or.jp/know/lifeplan/indication/（2018 年 7 月 23 日最終アクセス）

参 考 文 献

小野田博之 2005『自分のキャリアを自分で考えるためのワークブック』日本能率マネジメントセンター
厚生労働省『「働くこと」と「労働法」〜大学・短大・高専・専門学校生等に教えるための手引き〜』
寿マリコ 2017『新社会人のためのビジネスマナー講座』ミネルヴァ書房
寿山泰二 2012『社会人基礎力が身につくキャリアデザインブック 自己理解編』金子書房
中村和子・杉田和比己 2007『わかりやすい交流分析』チーム医療

■**著者略歴**

平岩久里子（ひらいわ・くりこ）
池坊短期大学環境文化学科准教授。関西NGO協議会理事。大阪市立大学大学院創造都市研究科都市共生社会研究分野修了。修士（都市政策）。大学卒業後，外資系金融機関で8年間正社員として勤務。その後,「好きを仕事にする」ために美容業界にキャリアチェンジをする。美容師資格取得後，渡仏。Ecole de maquillage CHRISTIAN CHAUVEAUでヘアメイクアップを学ぶ。帰国後，東京都渋谷区でヘアメイク事務所とエステサロンを経営。ヘアメイクアップアーティストとして活動すると同時にワタナベエンターテインメントカレッジ講師として，モデル，女優のオーディション対策の指導も行なう。現在は池坊短期大学でヘアメイク科目の他，キャリアプランニング等のキャリア関連科目や学生の就職相談，面接指導を担当している。関西NGO協議会では活動団体のサポート，京都自立就労サポートセンターや地域若者サポートステーション，NPOで自立・就労支援やキャリア支援の活動を行なっている。

共に生きるためのキャリアプランニング
────ダイバーシティ時代をどう生きるか────

2018年10月1日　初版第1刷発行

著　者	平岩久里子	
発行者	中西　良	

発行所　株式会社　ナカニシヤ出版
〒606-8161　京都市左京区一乗寺木ノ本町15
TEL　(075)723-0111
FAX　(075)723-0095
http://www.nakanishiya.co.jp/

© Kuriko HIRAIWA 2018　装丁／白沢 正　印刷・製本／亜細亜印刷
＊乱丁本・落丁本はお取り替え致します。
ISBN978-4-7795-1315-2　Printed in Japan

＊本書のコピー，スキャン，デジタル化等の無断複製は著作権法上での例外を除き禁じられています。本書を代行業者等の第三者に依頼してスキャンやデジタル化することはたとえ個人や家庭内での利用であっても著作権法上認められておりません。